멈 춰 서,
혼 자 서

윤동희
산문집

멈춰서,
pause and be alone

혼자서

북노마드

일러두기

◇ 생각보다 자주 멈춰야 했습니다. 그 멈춤 속에서
비로소 내가 어디로 가고 있는지 알게 되었습니다.
고립, 자유, 애틋함, 거리, 간격…… 혼자 책을 만들고,
글을 쓰고, 교양을 나눈 시간을 기록했습니다.
방향을 조정하고, 속도를 조절하고 싶은 당신과
함께하고 싶습니다.

◇ 독자분들이 좋은 책을 '발견'하기를 바라는 마음을 담아
여러 책을 인용했습니다. 읽지 않는 시대, 한 권 한 권 정성을 담아
고군분투하는 출판인을 응원합니다. 고맙습니다.

차례

8   들어가며

1부

20   적당한 외로움
26   인생의 원형
32   숫자에 흔들리는 사람들
38   일의 진화
44   깊이 일하라
50   다르게, 다르게
56   최종병기 인간 (1)
62   최종병기 인간 (2)
68   넉넉함이란 무엇일까
76   느슨하게 출판하기
86   언제까지 성장해야 하나요?

98	가능성이라는 거짓말
106	행운에 속지 마라
114	인생은 운이다
120	무한 게임의 주인공
128	나는 옛날 사람
132	나의 친애하는 커피
138	걸어도 걸어도
144	옹졸하고 소심하고 냉철하게

2부

152	나는 자유인이다
160	어디에 살고 있나요?
166	이서진의 타력
172	시절 인연
178	스피노자의 1미터

186	일인칭 단수
192	저공비행, 높게 날지 않아도 됩니다
198	관광객의 철학
204	편집의 미래
212	대화의 힘
218	무미 예찬
224	빨리 달리면서 오래 달릴 수 있을까
230	흘러가게 두어라
236	앵콜 요청 금지
246	인생의 때
252	마음껏 사치하라
264	해답은 없다
276	그렇게 어른이 된다
282	나가며
288	글을 쓰며 읽은 책들

들어가며

가볍게, 자유롭게, 투명하게 살고 싶다.
다른 것은 관심 없다. 오직 그뿐이다.

겨울, 일요일 오후. 패딩을 걸치고 집을 나선다. 적당한 속도로 걸어서 사무실[1]에 도착. 히터를 켜서 공기를 데운다. 가방에서 노트북을 꺼내고 턴테이블을 튼다.

오늘의 음악은 '최고의 트리오'로 불리는 키스 재럿, 게리 피콕, 잭 디조넷의 〈스틸 라이브Still Live〉. 1988년 ECM에서 레코딩한 앨범이다.

Editions of Contemporary Music, 프로듀서 만프레드 아이허가 동시대 음악을 까다롭게 선별하는 곳. '침묵 다음으로 가장 아름다운 소리'를 한 폭의 그림 같은 앨범에 담는 '음악 공장'을 흠모한다.

재럿의 피아노, 피콕의 베이스, 디조넷의 드럼. 세 사람은 '스탠더드Standards'로 불린다. 1930년대 전후 미국 브로드웨이 뮤지컬과 영화에 사용한 음악을 자기만의 방식으로 연주해서다. 즉흥성, 돌발성, 불협화음. '라이

---

[1] 이 글을 쓰며 사무실도 정리했다. '철학자는 개념으로 집을 짓는다'는 문장을 읽은 적이 있다. 나는 '이동'함으로 일의 공간을 짓고 싶다.

들어가며

브'의 진수다. 살아 있네!

음악을 들으며 오늘 할 일을 생각한다. 일이란 '우선순위'를 결정하는 것이다. 어제 일은 잊는다. 내일 일은 계획하지 않는다. 오늘 할 일을 최우선으로 삼는다.

일이 없다면?
논다!

무얼 하고 놀까. 눈을 맞아 얼룩진 차를 말끔히 닦기로 했다. 하얀 눈의 보드라움은 시간과 더불어 먹색으로 엉겨 붙는다. 수건을 물에 적신다. 깨끗하게~ 맑게~ 자신 있게~ 손은 시리지만 겨울은 그런 법이다.

여름의 더위와 겨울의 추위를 탓하지 않는다. 여름은 얇게 흘려보내고, 겨울은 두텁게 감싸 안는다. 여름에는 쿨과 듀스에 몸을 두둠칫하고, 겨울에는 박효신의 노래를 (세상이 끝난 듯한 표정으로) 웅얼거린다. 지금 올해의 첫 눈꽃을 바라보며~ 쿨, 듀스, 박효신······ 너무 스탠더드인가.

화분에 물을 주고, 물걸레로 바닥을 훔친다. 더러워진 수건과 물걸레를 빨고, 커피포트에 물을 끓인다. 도로록~ 오늘의 커피는 부산의 지인이 보내준 '모모스' 커피. 적절한 산미를 음미하며 멈춰진 레코드에 다시 바늘을 올린다.

Myself.

나는 '혼자' 일하고 놀며 하루를 작파한다. 그 하루를 모아 졸저 『좋아서, 혼자서』를 지었다. 혼자의 일과 생활을 적었다.

얼마 지나지 않아 세상에 역병이 돌았다. 뉴 노멀, 삶과 일의 풍경이 달라졌다. 회사를 떠나 자유롭게 일하는 사람들을 뜻하는 프리에이전트, 프리워커, 디지털 노마드라는 말이 일상어가 되었다. 한 사람이 하나의 기업인 솔로프리너solo preneur라는 용어도 등재되었다.

내 글은 유행의 산물일까. 상관없다. 출퇴근을 힘겨워하던 나에게 회사에 다니지 않아도 일할 수 있는 비상구를 안내한 찰스 핸디의 『코끼리와 벼룩』[2]과 다니

---

[2] 내가 갖고 있는 책은 2001년 12월 출판사 '생각의나무'에서 출간되었다. 2005년 10월 표지가 바뀐 '생각의나무'판을 거쳐 2016년 8

엘 핑크의 『프리에이전트의 시대가 오고 있다』[3]와 제러미 리프킨의 『소유의 종말』과 로버트 라이시의 『부유한 노예』를 읽은 시절은 2001년이었다. 회사 안에 있든지 혹은 바깥에 있든지 독립된 재능으로서 사고하고 행동[4]해야 한다고 떠밀던 시절이었다.

생계를 꾸릴 것인가, 생활을 지킬 것인가.

여지껏 내가 살아온 시간 가운데 '어떻게 살아가야 하나'에 가장 진지했던 시절. 지금보다 가난했어도 눈빛만은 풍요로웠던 시간.

나는 토지나 물건보다 지식과 노하우에서 가치를 찾기로 했다. 고용자도 아니고 피고용자도 아닌 삶의 방식을 추구했다.

지금, 누군가 분명 같은 고민을 하고 있을 것이다. 이미 있던 이야기의 속편이나 덧붙임 혹은 변주.[5] 일과

월부터 출판사 '모멘텀'에서 펴내고 있다.
[3] 같은 출판사(에코리브르)에서 2004년 12월 20일 출간되며 『프리에이전트의 시대』로 제목이 바뀌었다.
[4] 찰스 핸디 지음, 이종인 옮김, 『코끼리와 벼룩』, 모멘텀

돈과 행복의 '인생 대차대조표'를 작성하는 일은 시대와 세대를 가리지 않는다.

군이 말하자면 첫 책에서 나는 '자유의 기술'을 이야기하고 싶었다. 가치관, 직감, 신념…… 거창한 단어를 입에 담을 형편은 아니(었)다.

산책하고, 차를 마시고, 책을 읽고, 생각에 잠기고, 내게로 와줘, 내 생활 속으로~ 신해철의 저음을 주제곡 삼은 나의 '일상으로의 초대'가 누군가의 생활이 되길 바랐을 뿐이다. 그럼에도 '자유'라는 보편 개념에 개인의 감정을 이입[6]한 오류는 시간이 지나도 사라지지 않는다. 부끄럽다.

단순하고 경쾌하게.

첫 책을 쓰며 나는 이 태도를 유지하려고 노력했다. 빼어난 문장, 화려한 문장, 품격 있는 문장과는 거리가 먼 자의 어쩔 수 없는 선택이었다.

---

5 이승우 지음, 『고요한 읽기』, 문학동네
6 슬라보예 지젝 지음, 노윤기 옮김, 『자유』, 현암사

그래도 지질한 궁상맞음은 제거하고 싶었다. 에세이스트에게서 무엇을 중요시하느냐, 무엇을 사랑하느냐는 질문에 스타일[7]이라고 답하면 오만이려나.

태도는 무심하게, 문장은 간결하게.

메이저와 마이너, 주류와 비주류, 유물론적 사유와 절대적 믿음의 '간격'을 사유하려 했지만 인쇄로 완성되었는지는 모르겠다. 괜찮다. 한계도, 역부족도 모조리 내 것이다.

두 번째 책을 시작한다.

그 사이, 나는 그만큼 나이를 먹었고 초라해졌고 허약해졌다. 돈, 큰 집, 빠른 차, 젠더, 명성, 사회적 지위를 일군 자에게 박수를 보내는 신세가 되었다. AI의 속도로 망설임 없이 앞으로 나아가는 세상에서 나만 혼자 주춤주춤 멈칫멈칫 머물러 있다.

From ChatGPT to DeepSeek, 기술의 특이점을 향해

---

[7] 브라이언 딜런 지음, 김정아 옮김, 『에세이즘』, 카라칼

거침없이 질주하는 세상에 순조롭게 적응한 자들이 좋아하는 이야기를 내놓을 자신이 이젠 없다. 그들이 내가 사랑했던 주인공들을 더 이상 이야기하지 않는다는 사실도 알고 있다. 애꿎은 '혁오'의 노래만 구슬프게 반복 재생할 뿐이다. 슬픈 어른은 늘 뒷걸음만 치고~ 찬란한 빛에 눈이 멀어 꺼져가는데~ 아아아아아~

걷잡을 수 없이 멀어지는 시대를 지켜보며 '비경제적' 인간으로 살아가는 나는 무엇을 이야기할 수 있을까. 어차피 '바늘로 샘을 파는'(오르한 파묵) 촘촘한 문학적 미감은 언감생심일 터. 삶에 텀벙텀벙 '간격'을 유지하고 싶은 바람 정도는 적을 수 있지 않을까.

시간과 공간이 벌어진 사이 혹은 사람과 사람 사이의 관계가 벌어진 정도. '간격'이라는 가치로 문화적 세계의 새로운 아우라에 밀려난 어제와 오늘을 몸을 구부려 찬찬히 들여다볼 수는 있지 않을까. 멀리서 바라볼 때 두렵고 낯선 것들이 실은 대수롭지 않은 일이라고 위무할 수는 있지 않을까. 욕망이 아무리 멀리 가더라도 그곳은 애초에 욕망이 출발한 자리[8]일 테니까 말

---

[8] 이성복 지음, 『나는 왜 비에 젖은 석류 꽃잎에 대해 아무 말도 못 했는가』, 문학동네

이다.

 그렇다고 허망한 소리만 늘어놓을 수는 없다. 인생은 입고 먹고 자는[衣食住] '생활'로 이루어진다. 간격이라는 추상적 가치를 구체적으로 설명할 방도를 찾아야 한다.

 다행히 나에겐 생활을 꾸리는 '책'이 있다. 이 책의 절반은 내가 읽은 '낡은' 책의 추억이라고 해도 지나치지 않다.

 책을 읽는다는 것은 결국 세계의 전체와 만나고, 그 전체에 참여하는 일[9]이다. 비록 읽기와 쓰기에 통달한 자는 아니지만 한때의 유행을 견딘 책을 빌려 일과 돈보다 소중한 '나'를 위한 우선순위를 적는다. '나다운' 것이란 어설프게 주체성이나 자신감을 갖기보다는 자신의 미숙함을 아는 것[10]이라는 깨달음을 나누려 한다.

 두 번째 책이다.

---

9 문광훈 지음, 『가장의 근심』, 에피파니
10 사토 아이코 지음, 장지현 옮김, 『이왕 사는 거 기세 좋게』, 위즈덤하우스

발밤발밤, 한 걸음 한 걸음 천천히 걷는다.

가볍게, 자유롭게, 투명하게.

1부

적당한 외로움

세상의 이편과 저편 사이
'어느' 곳에 틀어박힌 안거.
거리 두기와 외로움이라는 '규율'을
스스로 만들어 지키는 것은 어떨까.

불교에는 '안거安居'라는 제도가 있다. 여름의 '하안거'는 음력 4월 보름부터 석 달 동안이고, 겨울의 '동안거'는 음력 10월 보름부터 정월 보름까지다.

그 사이 수행자는 바깥출입을 삼가고 오로지 화두話頭에 전념한다. 간화선看話禪, 즉 '화두를 보며' 선을 수행한다.

세계를 바르게 바라보기 위해 자신을 올바르게 들여다보는 관조, 모두가 자아를 내세우는 세상에서 자기중심의 세계관을 부정하는 성찰, 자기를 부인함으로써 본래의 나를 깨닫는 역설. 화두에 집중함으로써 화두를 방관하는 무념無念에서 인생의 내력內力을 엿본다.

내력이란 무엇일까.

"모든 건물은 외력과 내력의 싸움이야. 바람, 하중, 진동, 있을 수 있는 모든 외력을 계산하고 따져서 그것보다 세게 내력을 설계하는 거야. 인생도 어떻게 보면 외력과 내력의 싸움이고, 무슨 일이 있어도 내력이 있으면 버티는 거야"라고 말하고 싶지만…… 나는 어떤 재료로, 어떻게 만들어야 안전한지 계산하고 또 계산하는 드라마 〈나의 아저씨〉의 구조기술사 박동훈이 아니다.

"추울 때는 너 자신이 추위가 되고, 더울 때는 너 자신이 더위가 되어라"라고 설법하고 싶지만…… 맑고 향기롭게 살다 가신 법정 스님은 더더욱 아니다.

추위든지 더위든지 '한때'라는 사실을 받아들이며 필연적으로 찾아오는 삶의 조건을 맞아들이기. 받아들임의 '인내'와 맞아들임의 '용기'가 인생의 내력을 지탱하지 않을까 짐작할 뿐이다.

세상이 기억하듯이 생전의 법정 스님은 매주 해오던 대중 법문을 2003년부터는 4월 넷째 주 일요일과 10월 넷째 주 일요일 오전에 서울 성북구 길상사에서 나누셨다. 스님이 봄과 가을에 대중을 불러 모은 까닭은 겨울의 추운 날과 여름의 더운 날을 잘 견뎠음을 격려하는 의미라고 사람들은 입을 모았다.

김한수라는 종교 기자의 글을 꼬박꼬박 챙겨 읽는다. 1990년대 말부터 2000년대 초반 미술 기자로 나와 함께 활동했던 분이다. 그분도 나와의 인연을 기억하리라 믿는다.

2003년, 나는 미술 기자에서 책을 만드는 편집자로, 그분은 미술에서 종교로 일의 경로를 옮겼다. 2003년! 법정 스님이 대중 법문을 1년에 딱 두 차례 봄과 가을에만 열겠다고 결정한 때였다.

우연일까. 아무튼 그때부터 나는 세상과 적당한 '간격'을 둔 그분의 기사를 기다리게 되었다.

아무래도 언론에서 종교인을 찾을 때는 시절이 하수상할 때다. 팬데믹으로 어느 때보다 힘들었던 해를 정리하며 기자는 문득 이런 의문이 들었다고 한다.

법정 스님의 글은 왜 독자의 사랑을 받을까?

기자는 의문을 해소하고자 스님의 글을 다시 읽었다.[1] 해답은 단순했다.

적당한 거리.

스님은 언제나 종단으로부터, 대중으로부터 '간격'을 두셨다. 1970년대 유신 시절에는 꼿꼿한 글을 쓰다가 자의 반 타의 반 전남 순천 송광사 불일암으로 낙향했다. 서울과 간격을 유지하고, 그곳에서 글을 썼다.

사람들이 글에 감복해 몰려들자, 강원도 어느 오두막으로 다시 옮겼다. '어느'라는 단어가 중요하다. 어딘지 모르는 외진 곳에서 수행을 실천하셨다. 촛불을 켜서 책을 읽고, 밭에서 채소를 키워 반찬으로 삼았다.

기자는 평생에 걸친 스님의 거리 두기에서 '자유'를 발견했다고 마침표를 찍었다. 우리가 돈과 명예의 굴레에 허우적거릴 때 스님은 '스스로' 자유를 일구셨다고 돌아보았다. 자기가 하고 싶은 것을 아무 제약 없이 하는 자유가 아니었다. 규율이 없으면 완전한 자유를 얻지 못한다[2]는 사실을 스님은 알고 있었다.

---

[1] '김한수의 오 마이 갓', 코로나 한파에 되새기는 법정 스님의 '더위, 추위' 법문, 《조선일보》 2021년 1월 6일

스님은 늘 이렇게 말씀하셨다.

"수행자는 적당한 외로움이 필요하다!"

살아가는 방식에 대한 정신적 골격이 허물어진 시대다. 바이러스가 간격을 강제하고, 기술이 인간을 통제하고, 내란 수괴가 일상을 파괴했다. 상실의 시대, 모두 허무하리라. 혼돈의 시대, 모두 버거우리라.

마땅한 방도는 없을까. 세상의 이편과 저편 사이 '어느' 곳에 틀어박힌 안거. 거리 두기와 외로움이라는 '규율'을 스스로 만들어 지키는 것은 어떨까.

철학자 에피쿠로스는 행복을 외부에 위탁하지 않기 위해 라테 비오사스Lathe Biosas, 즉 '숨어 있는 삶'[3]을 선택했다. 전통과 철저히 단절하고 현실과 멀찍이 거리를 두었다.

크게 굽은 소나무 아래, 계곡의 구석, 정상 옆 작은 바위…… 『저 산은 내게』의 이지형 작가는 홀로 산을 오르며 도달한 '외딴곳'을 로쿠스 솔루스Locus Solus[4]로 삼

---

2 스즈키 순류 지음, 정창영 옮김, 『선심 초심』, 김영사
3 에릭 와이너 지음, 김하현 옮김, 『소크라테스 익스프레스』, 어크로스
4 이지형 지음, 『저 산은 내게』, 북노마드

는다.

 지금 있는 공간으로부터 이탈하여 누리는 적절한 거리 두기, 해발 고도를 높여 도달하는 인간적이고 역사적이고 문화적인 고독. '주위를 잊는' 그곳에서 나에게 온전히 집중하며 지상에서 입은 상처를 치유한다.

 수도원에 버금가는 가르침과 배움의 공간에 자신을 가둔 에피쿠로스의 발뒤꿈치에도, 매일같이 산에 올라 인생의 근력을 기르는 이지형 작가의 허벅지에도 미치지 못하는 나는 어디로 처박혀야 할까.

 '한가하게' 만드는 곳이다. 나에게 책을 읽히고, 명소 고적에 여행시키고, 좋은 친구를 맺고, 술을 마시게 하고, 책을 쓰게 하는[5] 곳이다.

 내가 사석에서 '선배'라고 편히 부르는 이지형 작가의 문장을 메모한다. 시대와 세상과 현실과 관계의 외력에 맞서는 내력을 필사한다.

 언젠가 이런 문장을 하나 메모해 두고는 홀로 만족해했다.
 절대적으로 한가해야 한다.[6]

---

5 임어당(린위탕) 지음, 박병진 옮김, 『생활의 발견』, 육문사
6 『저 산은 내게』

인생의 원형

우리는 완벽하지 않은 나로 살아간다.
누구나 늙고 낡고 초라해진다.
완전한 인간은 삼라만상에 존재하지 않는다.

날씬함과 젊음, 평온함과 치유.

가벼운 몸과 산뜻한 마음을 갖기 위해 우리는 무거운 의무 사항을 준수하는 호모 메디쿠스homo medicus로 살아간다. 유행에 따라 요동치는 다이어트 비법을 망라하고, 피트니스와 웰니스를 소셜 미디어에 중계하고, 몸 밖으로 배출되는 갖가지 영양제를 섭렵한다.

신체의 질병은 세포가 변이를 일으키고 바이러스가 침투해서 일어난다. 정신의 질병은 자본주의가 바이러스다. 자본주의가 기승을 부릴수록 영혼의 면역력은 헐거워진다. 소득이 월등히 높은 지역일수록 정신건강의학과가 넘쳐나는 이유는 무엇일까. 김창옥 교수와 오은영 박사의 전성시대는 당분간 계속될 것이다.

최첨단 DNA 기술을 사용하여 격주로 젊고 아름다운 몸으로 살아가는 여배우 이야기. 영화 〈서브스턴스 The Substance〉는 몸과 마음의 '욕망'을 주체하지 못하는 현대인의 '실체'를 드러낸다. (소셜) 미디어가 만드는 이미지를 통해 전달되는 젊고 날씬한 몸매를 갖기 위해 자기가 직접 악착같이 자기 자신을 작업하는 가벼움의 시대[1]를 상징한다. 보는 내내 몸이 뻐근하다.

주인공 엘리자베스 스파클은 아카데미상을 수상하

---

[1] 질 리포베츠키 지음, 이재형 옮김, 『가벼움의 시대』, 문예출판사

고 '명예의 거리'에 입성한 대스타다. 그러나 지금은 TV 에어로빅 쇼를 진행하는 한물간 배우일 뿐이다. 그마저도 해고 통보를 받는다. 어리고 섹시하지 않아서! 하필 50살 생일이었다.

일터에서 잘리고 돌아가는 길. 교통사고를 당해 병원에 실려간 엘리자베스는 수상하리만치 젊고 선명한 (스포 주의!) 남자 간호사로부터 '서브스턴스' 광고가 주입된 USB를 건네받는다.

늙은 몸을 새롭고 젊고 아름답게 재생시키는 약물. 이건 어떠니~ 또 저건 어떠니~ 고민 고민하지 마~ 엘리자베스는 유 고 걸You go girl로 직진한다.

(1) 활성제를 주사기에 넣어 스스로 주입한다.
(2) 세포 분열이 일어난다.
(3) 엘리자베스의 등뼈가 갈라지고 젊고 아름다운 '또 다른 나'가 기어 나온다. 그녀의 이름은 수Sue.

피부 미용이나 성형과는 완전히 다른 발상, 자기를 억압하고 파괴해야 비로소 소생하는 젊음. 세상에 공짜는 없다. 새롭고 젊고 아름다운 나로 돌아가려면 다시는 재생되지 않는 '시간'을 바쳐야 한다.

엘리자베스의 몸에서 빠져나온 수는 본래 몸에서 뽑은 골수를 일주일 동안 주입한다. 수가 아름다움으로 세상을 'Pump it up' 하는 동안 엘리자베스는 혼수상태로 영양분을 공급받는다.

일주일이 지나고 수는 엘리자베스로 돌아온다. 수의 '퍼펙트 데이'를 만끽하려면 다시 일주일을 견뎌야 가능하다. 수에게 공급한 골수만큼 엘리자베스는 흐물흐물 늙어간다.

젊게 재생하고 본래 몸으로 복귀하고. 엘리자베스는 젊음과 늙음의 '균형'을 저울질할 수 있다고 여겼다. 그러나 서브스턴스는 '국화 옆에서'다. 나이 든 진짜 자기로 돌아와 거울 앞에 선 누이가 되니 밤새 무서리가 내린다. 흔들리고, 혼란스러워하고, 뒤엉키고, 갈팡질팡한다.

They are going to love you! 엘리자베스와 수는 세상의 관심과 사랑에 취해 기꺼이 균형을 허문다. 젊고 아름다운 수는 엘리자베스에게로 돌아가지 않는다. 학~씨! 엘리자베스는 격분하고(feat. 폭식) 수는 광분한다(feat. 폭력). 헤어질 결심! 본체와 개체는 몬스터 엘리자베'수'로 한 몸이 된다. 파국이요~

영화 속 엘리자베스처럼 우리는 완벽하지 않은 나로 살아가야 한다. 엘리자베스를 연기한 데미 무어처럼 누구나 늙고 낡고 초라해진다. DNA, 부모, 신체, 학력, 경력, 돈…… 모두를 충분히 갖춘 완전한 인간은 삼라만상에 존재하지 않는다.

인생은 불공평하다. 누군가는 키가 컸으면 하고(진짜!) 누군가는 키가 작았으면 한다(진짜?). 누군가는 체중을 감량하고 싶고(정말!) 누군가는 체중을 늘리고 싶다(정말?). 누군가는 지긋지긋한 일터를 그만두려 하고(토닥토닥) 누군가는 '알바'를 구하기 위해 '천국'을 헤맨다(다독다독).

이 영화로 배우 경력 47년 만에 최초의 연기상(제82회 골든글로브 여우주연상)을 거머쥔 데미 무어는 윤여정에 버금가는 수상 소감으로 인생의 '원형'을 일깨운다.

> "우주가 저에게 '넌 아직 끝나지 않았어'라고
> 말해주는 것 같군요. 당신은 앞으로도
> 충분하지 않을 거예요. 하지만 잣대를
> 내려놓는다면 당신의 가치를 알 수 있을
> 거예요."

잣대를 내려놓기.
행복한 삶을 위한 제1원칙은 기대치를 낮추는 것[2]이다.

---

2 모건 하우절 지음, 이수경 옮김, 『불변의 법칙』, 서삼독

p.s. 2025년 4월 26일, 《피플》은 '세계에서 가장 아름다운 인물'로 데미 무어를 선정했다. 무어는 말한다.

"아름다움은 그대로의 나 자신으로 편안함을 느낄 때 자연스럽게 드러납니다."

숫자에 흔들리는 사람들

사락사락.
만짐과 접촉을 통해 인간은 세계를 빚는다.
시나브로.
인간은 그렇게 시간에 남겨진다.

책을 만들고, 철학과 미술을 강의하며, 전시를 기획하고 있다.

강의와 큐레이팅은 '부캐'다. 나의 생활 속에서 독립적 안정성을 확보하기 위한 활동이자 지금 사는 인생(플랜 A)이 제대로 돌아가지 않을 때를 대비한 대안[1]이다.

아직 해야 할 일이 있음에 마음이 놓인다. 사람들과 '진선미眞善美'를 나누는 플랜 B가 있어서 다행이다.

> "진정한 발견의 여정은 새로운 풍경을
> 찾아다니는 것이 아니라 '눈'을 새롭게 하는
> 데 있다."

그곳이 어디든지 청중이 누구든지, 나는 마르셀 프루스트의 문장으로 강의의 문고리를 연다. 진정한 발견은 우리의 '눈'을 새롭게 하는 데서 출발한다는 소설가의 혜안을 참됨과 착함과 아름다움의 이데아로 삼는다. 세계와 교감하는 눈을 가질 때 세계로부터 소외되지 않는다.

1871년 여름에 태어나 1922년 초겨울에 생을 마감

---

[1] 폴 퀴네트 지음, 공경희 옮김, 『인생의 어느 순간에는 반드시 낚시를 해야 할 때가 온다』, 바다출판사

한 프루스트는 아름답고 풍요로운 '좋은 시대(벨 에포크)'를 특유의 기다란 문장으로 찾아 나섰다.

참됨과 착함과 아름다움에 관한 아포리즘은 시대를 초월한다고 하지만, 모든 존재를 '상품'으로 탈바꿈시키는 정보 자본주의 시대에 그가 살았다면 어떤 어록을 남겼을까. 오늘날 발견의 여정은 새로운 풍경을 SNS에 옮기려고 스마트폰을 새롭게 바꾸는 데 있다고 읊조리지 않았을까.

프루스트와 같은 시대를 호흡한 근대인은 처음 보는 사물에 눈이 휘둥그레졌(을 것이)다. 오늘날 '핵개인'은 처음 보는 사물이 드물다. 어지간해서는 마음이 들뜨지 않는다.

이제 사람들은 사물이 아닌 '기호'를 소비하며 도파민을 분출한다. 스마트폰과 태블릿에 '숫자'가 붙은 이유다. 약정 기간이 남았는데도, 제품이 멀쩡한데도 새 숫자에 흔들리는 사람들. 우리는 이런저런 합리적인 핑계를 대며 '할부'한다.

독일 베를린예술대학에서 철학을 가르치는 한병철은 우리의 '비합리적인 합리성'을 간파한다. 스마트폰을 어루만지는 손가락 끝의 자유는 환상[2]이라고 까발

---

[2] 한병철 지음, 전대호 옮김, 『사물의 소멸』, 김영사

리고, 모든 인간관계가 상업화된 현실에서 행위하지 않는 인간은 손 없는 존재[3]가 될 거라고 예언하고, 스마트폰을 손에서 놓지 않는 인간은 '정보의 먹이'를 받아먹으며 쾌락을 느끼는 (데이터, 소비) 가축[4]이라는 저주를 서슴지 않는다. '보디 호러' 〈서브스턴스〉만큼 섬뜩한 '필로소피 호러'다.

물론 언어로 세계를 서술하면 급여와 연금이 보장되는 지식인의 안온한 문장일 수 있다. 세계의 진화를 좀처럼 따라잡지 못하는 책을 만드는 자의 매달림일 수도 있다. 그럼에도 모든 관계의 본질을 '촉감'에서 찾는 철학자의 메시지가 실존을 부벼대는 건 어쩔 수 없다.

존재한다는 구체적인 감각. '만짐'이 없는 세계를 상상할 수 있을까.

통나무집에서 살며 비가 오나 눈이 오나 바람이 부나 평생 하루에 30킬로미터씩 달려온 생물학자 베른트 하인리히는 모든 건 '접촉'에서 시작한다[5]고 아로새겼다.

---

3 『사물의 소멸』
4 '김지수의 인터스텔라', "인간은 끔찍한 정보 가축…… 디지털 울타리 넘어야 희망 있어" 한병철,《조선일보》 2023년 3월 25일
5 베른트 하인리히 지음, 조은영 옮김, 『뛰는 사람』, 윌북

하늘, 해, 달, 별, 산, 강, 정원, 나무, 꽃, 개, 고양이, 새, 곤충…… 스탠퍼드대학에서 미술사를 가르치는 제니 오델은 삶에 의미를 부여하는 많은 것을 스마트폰 밖의 우연과 방해, 뜻밖의 만남[6]에서 찾는다.

가끔은 매끈한 인터페이스에 갇힌 현실을 벗어나 오톨도톨한 세계에 영근 진실을 매만져야 한다. 사락사락, 만짐과 접촉을 통해 인간은 세계를 빚는다. 시나브로, 인간은 그렇게 시간에 남겨진다.

사람과 사람이 접촉하여 세계가 만들어진다고 믿는 한국계 독일인 철학자와 달리는 생물학자와 '아무것도 하지 않는 법'을 건네는 예술가에게 스마트폰은 '바라봄이 없는' 소통이다. 화면을 순식간에 스치는 정보를 지식으로 착각하는 사람들, 알고리즘이 명령하는 실시간 피드의 먹잇감feed으로 포획당한 사람들, 포르노그래피 소셜 미디어에서 일상을 팔아 '좋아요'라는 화대花代를 벌어들이는 사람들.

스마트한 지배에 예속된, 억압도 저항도 없이 삶을 게시하고 공유하고 좋아하도록 '지배'당하는[7] 현대인을 안타까워하는 어느 인터뷰에서 한병철은 파울 첼란의 시를 노래한다. '좋아요' 숫자로는 포괄할 수 없는

---

6 제니 오델 지음, 김하현 옮김, 『아무것도 하지 않는 법』, 필로우
7 한병철 지음, 최지수 옮김, 『서사의 위기』, 다산초당

다른 세계를 꿈꾼다. 스마트폰을 ON 하는 순간 OFF 되는 현실을 리부팅한다.

> 새벽의 검은 우유 우리는 마신다 저녁에
> 우리는 마신다 점심에 또 아침에
> 우리는 마신다 밤에
> 우리는 마신다 또 마신다[8]

 아침이든 밤이든 새벽이든 검은 우유를 마시면서 푸가를 연주하는 운명을 벗어날 수 없었던 아우슈비츠 수용자들. 아침이든 밤이든 새벽이든 실체 없는 정보를 받아먹으면서 스마트폰을 사용하는 운명을 벗어날 수 없는 정보 자본주의 사용자들.

 비극은 끝나지 않았다.

---

8 파울 첼란 지음, 전영애 옮김, 『죽음의 푸가』, 민음사

일의 진화

반대 의미를 함축한 단어를 살핀다.
애매한 회색지대에서 생성되는
변이의 사고를 또렷하게 채색한다.
만물은 이분법적 관계의 '사이'에서
유연하게 진화한다.

어느 아침, 구독하는 뉴스레터에서 '창조성과 창의성 3B 법칙'을 읽었다.

침대bed, 목욕bath, 버스bus…… B로 시작하는 단어들의 공통점은 '어디에도 집중하지 않은 상태'라는 이야기가 흥미로웠다. 멍~ 아무것도 하지 않을 때 뇌의 창의성을 활성화하는 도파민이 분출된다는 과학적 분석이 제법 그럴듯했다.

'과학적'이라는 말은 묘한 위력을 발휘한다. 우리는 출처를 확인하지도 진의를 의심하지도 않은 채 과학의 명령에 순종한다.

그러나 어디에도 집중하지 않은 멍~ 때림은 그리 오래가지 않았다. 그날따라 유난히 '창조성'이라는 단어에 집중되었.

불굴의 기업가 정신, 남들에게 외면받고 차고에서 일하는 기크(geek, 창조적 근로자).[1] 창조성이란 특정 부류에게만 필요한 재능일 텐데, 언제부턴가 인생의 필수 해시태그(#)로 여기는 듯해서 좀 거시기했다.

금세 집중력을 도둑맞은 나는 자리에서 일어나 서가를 찬찬히 살폈다. 아뿔싸! 나라고 다르지 않았다. 크리에이티브를 내세운 책들이 곳곳에 꽂혀 있었다.

---

[1] 프랭클린 포어 지음, 박상현·이승연 옮김, 『생각을 빼앗긴 세계』, 반비

속전속결. '일 좀 잘해봅시다'라고 치기 부리던 시절의 유물을 차마 볼 수 없어서 모조리 중고 서점에 데리고 갔다. "밑줄이 그어져 판매할 수 없습니다"라고 거절당한 책은 정중히 부탁했다. 버려주시겠어요?

홀가분한 마음으로 중고 서점을 나서는데 문득 이런 생각이 들었다. 창조성이란 뭐지?

언제부턴가 '브랜딩 도구'로 변질된 창조성의 본질이 궁금해서 근처 교보문고로 향했다. 책을 판 돈으로 책을 사는 악순환이라니. '하필 책이 좋아서'다.

요사이 인스타그램 스토리로 내 눈앞에 자꾸 나타나(알고리즘, 너~) 두 눈을 감고 누우면 자꾸 떠오르는 책에서 제대로 된 해답을 찾고 싶었다.

『진화사고』, 당신도 이 책을 기억해주면 좋겠다.

돌연변이와 자연선택.

건축학과 공학을 공부하고, 브랜드와 공간과 제품과 공공의 경계를 오가는 일본의 디자이너 다치가와 에이스케는 창조성의 원리를 생물의 진화 방식에서 발굴한다. 인류의 역사를 뒤흔든 발명과 혁신의 밑바탕에는 기존의 판을 깨는 돌연변이 같은 생각과 현실의 필요에 맞는 선택이 동시에 작용했기 때문이라고 돋을새김한다.

인간은 왜 창조하는 걸까? 아름다움을 위해서다.

시간을 견디는 콘셉트, 많은 사람이 공유하는 아이디어, 다시 찾고 싶은 매력적인 공간…… 우리는 아름다움을 위해 좋은 형태를 고민하고, 발상의 강도를 조절하고, 주변 관계를 이해한다.

형태, 발상, 관계.

그중에서도 에이스케는 '관계'를 중요하게 여긴다. 좋음과 나쁨의 기준은 주위와의 관계성[2]이다. 좋고 나쁜 것은 미리 정해진 것이 아니라 어떤 관계로 설정[3]되는가에 달려 있다. 아무리 창조적인 아이디어라도 현실 세계에서 기능하지 않고 작동하지 않으면 소용없다. 제품과 서비스가 제대로 기능하려면 사용자와의 관계를 면밀하게 고려해야 한다. 주변의 제약 요인도 꼼꼼히 검토해야 한다. 제품과 서비스가 '어디에' 놓이는지, 장소와 사용자 사이에 어떤 '관계'를 맺는지 뾰족하게 고민해야 한다.

뾰족하게! 에이스케는 '남다르다'라고 각을 세우는 vertical 사람들이 긍정적이든 부정적이든 '하나'만을 내세우는 모습에 고개를 갸우뚱한다.

플러스마이너스, 상하좌우, 남녀노소, 흑백, 빈부, 행복과 불행, 이것과 저것, 기쁨과 슬픔, 희망과 고난, A

---

2 다치카와 에이스케 지음, 신희라 옮김, 『진화사고』, 흐름출판
3 신준환 지음, 『다시, 나무를 보다』, 알에이치코리아(RHK)

look back and a look ahead, 회고와 전망…… 그는 반대 의미를 함축한 단어와 단어 사이를 살핀다. 애매한 회색지대에서 생성되는 변이의 사고를 또렷하게 채색한다.

만물은 이분법적 관계의 '사이'에서 유연하게 진화한다는 사고법. 평범함 속에서 발견할 수 있는 특별함 혹은 평범하지만 멋진. 후카사와 나오토와 재스퍼 모리슨이 합작한 '슈퍼 노멀Super Normal'에 버금가는 비범하면서도 평범한 사고법이다.

팔리는 기획, 끌리는 공간은 변이와 선택 '사이'에서 나온다.

천지인天地人. 사람은 하늘과 땅 '사이'에 존재한다.

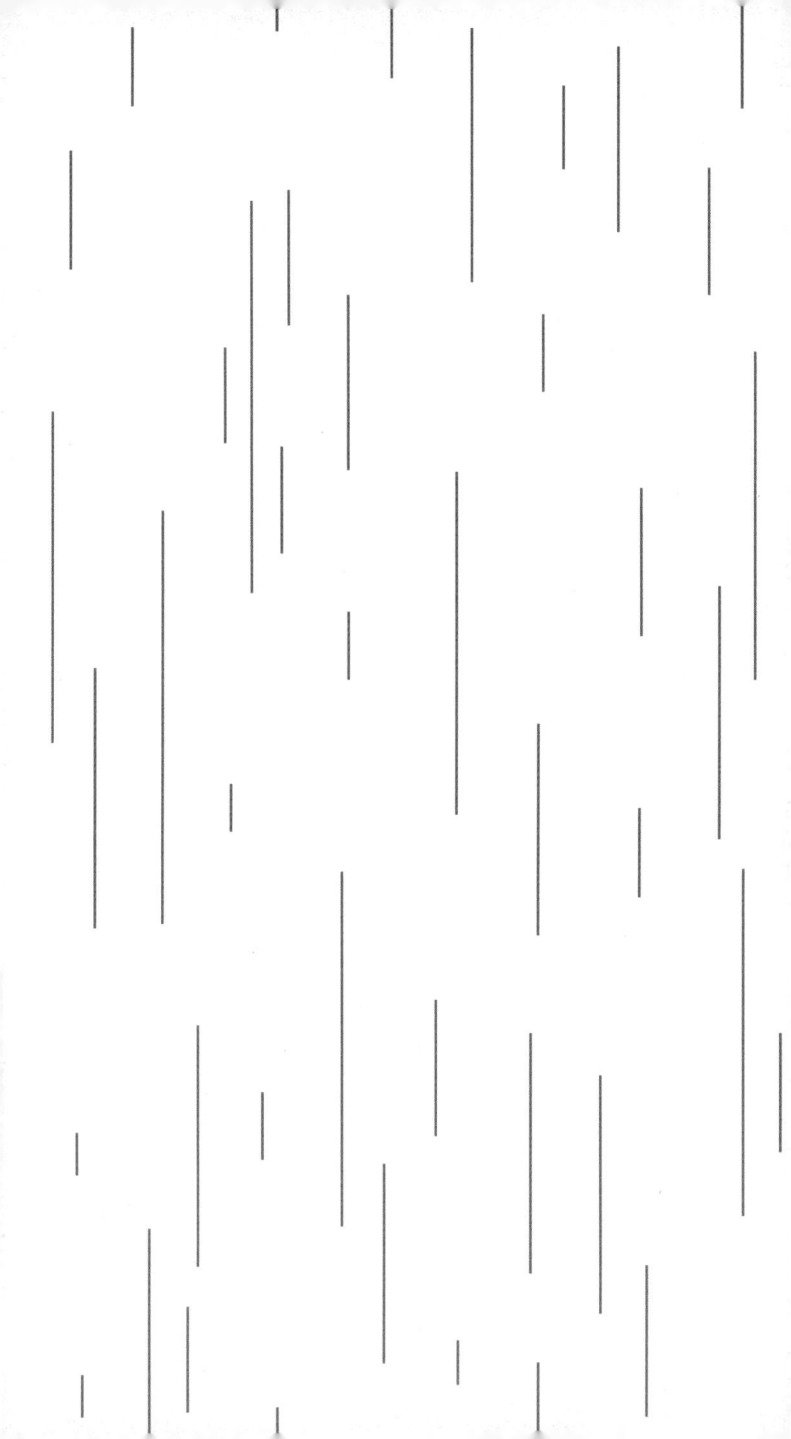

깊이 일하라

세상의 진화와 일의 풍경을 '관찰'하고 싶다.
일과 일이 아닌 일을 '동시에' 조망하고 싶다.
낡은 줄기와 새로운 줄기 사이의
'간격'을 주의 깊게 살피고 싶다.

정신과 의사이자 심리학자 칼 구스타프 융은 스위스 취리히 호수 부근의 볼링겐에 '타워Tower'라는 이름의 2층짜리 돌집에 살았다. 오전 7시에 일어나 아침을 먹고, 두 시간 동안 글을 쓰고, 오후에는 명상과 산책을 하고, 밤 10시에 잠을 청했다. '20세기 칸트'였다.

융은 열심히 일했다. 생활비를 벌기 위해 환자들을 상담했고, 커피하우스에서 사람들을 만났으며, 대학에서 강연했다. 생활비를 벌기 위해 책을 만들고, 카페에서 글을 쓰며, 대학과 서점에서 강연하는 나의 이정표다.

일은 곧 그 사람이다. 인간은 직업의 반경을 벗어나지 못한다. 일이 곧 처소요 거처다. 일의 힘줄과 핏줄은 인간의 삶의 맥락을 그대로 드러낸다. 기를 살려주기도 하고 등골을 빼먹기도 한다.

어느덧 옛이야기다. 오늘날 일은 도구의 메커니즘을 벗어나지 못한다. 노션Notion이 일이고 슬랙Slack이 일이다. 시시때때로 알람을 보내는 이메일과 협업 소프트웨어, 일의 재미를 더해준다며 추가한 메타버스 플랫폼, '미완료'에서 '완료'로 업데이트해야 하는 스프레드시트, '할 일-대기 중-진행 중-완료'를 오가는 프로젝트 관리 소프트웨어.

더 열심히hard, 더 민첩하게agile, 실시간으로timeline. 노동을 구성하는 디지털 의사소통 도구는 비체계적이고 무계획적인 '과잉' 메시지[1]를 양산한다. 그 일이 무엇을 달성했는지 실질적으로 확인하기 애매한 대량화되고 파편화된 일의 스트리밍streaming이 넘실거린다. 일의 빈도는 더 잦아지고 일의 강도는 더 강화되었다.

융은 달랐다. 융은 열심히 일했지만 오래 일하지 않았다. 중요한 일에 집중하는 심층적 능력deep work.[2] 그는 깊이 일했다. 핵심 시간을 딥 워크에 할애하고, 남는 시간을 자신을 위해 사용했다.

일은 중요하다. 먹고사는 힘이다.

1929년에 태어나 90세까지 주 6일을 정신과 의사로 일한 나카무라 쓰네코는 인간은 생활하기 위해 일하는[3] 존재라고 정의한다. 소설가 김훈은 돈과 밥의 두려움을 마땅히 알라[4]고 일갈한다. 일본의 철학자 나카지마 요시미치는 하고 싶은 일을 하는 것이 그 사람을 건강하게 만든다[5]고 확신했다.

돈과 밥 앞에서 어리광을 부리고 싶을 때마다 먹고

---

1 칼 뉴포트 지음, 김태훈 옮김, 『하이브 마인드』, 세종서적
2 칼 뉴포트 지음, 김태훈 옮김, 『딥 워크』, 민음사
3 나카무라 쓰네코 지음, 정미애 옮김, 『내일을 위해 사느라 오늘을 잊은 당신에게』, 21세기북스
4 김훈 지음, 『너는 어느 쪽이냐고 묻는 말들에 대하여』, 생각의나무
5 나카지마 요시미치 지음, 박미옥 옮김, 『일하기 싫은 당신을 위한 책』, 신원문화사

사는 일의 숭고함을 되새긴다. 끼니 앞에서 허세를 부리지 않는다. 돈 앞에서 무력해지지 않는다. '이 일은 내가 하는 편이 가장 합리적'이라는 생각이 들면 좋은지 싫은지 따지지 않고 바로 각오[6]를 다진다.

그럼에도 이런 생각이 드는 건 어쩔 수 없다. 일의 첫 번째 목적이 있다면 두 번째, 세 번째…… n번째 목적도 있지 않을까.

일과 돈의 준엄함을 깨우친 인생 선배들과 나와의 간격을 측정한다. 평생 첫 번째 목적을 위해 헌신한 그들이 미처 접하지 못한 일의 진화를 측량한다. 시간의 노동을 밥 먹듯이 하면서도 나라가 시키는 대로 끝까지 머리 숙여 모든 일을 다해온[7] 그들의 허망함을 반복하고 싶지 않다.

시대의 지성 찰스 핸디는 인간은 일 이상의 존재[8]라고 추켜올린다. 나날이 바뀌는 플랫폼에서 '형태'와 '포맷'을 강조하는 예능 프로듀서 권성민은 일하는 본인을 시스템[9]으로 구축한다. 연결이 지배하는 세상에서

---

6 호보닛칸이토이신문 엮음, 오연정 옮김, 『이와타씨에게 묻다』, 이콘
7 『너는 어느 쪽이냐고 묻는 말들에 대하여』
8 찰스 핸디 지음, 강주헌 옮김, 『삶이 던지는 질문은 언제나 같다』, 인플루엔셜
9 권성민 지음, 『직면하는 마음』, 한겨레출판

네트워크의 중요성을 강조하는 윤지영은 내 삶이 어디서 와서 어디로 가는지 아는 삶과 일의 주인[10]이 되어야 한다고 조언한다.

기왕 일을 해야 한다면 나는 세상의 진화와 일의 풍경을 '관찰'하고 싶다. 일과 일이 아닌 일을 '동시에' 조망하고 싶다. 낡은 줄기와 새로운 줄기 사이의 '간격'을 주의 깊게[11] 살피고 싶다.

일을 줄이되 남아 있는 일의 폭은 넓히고[12] 싶다.

---

10 윤지영 지음, 『WHY-돈, 직업, 시간 그리고 존재를 묻다』, 이데아
11 윌 페이지 지음, 이수경 옮김, 『타잔 경제학』, 한국경제신문
12 봉준호 감독, MBC '손석희의 질문들'

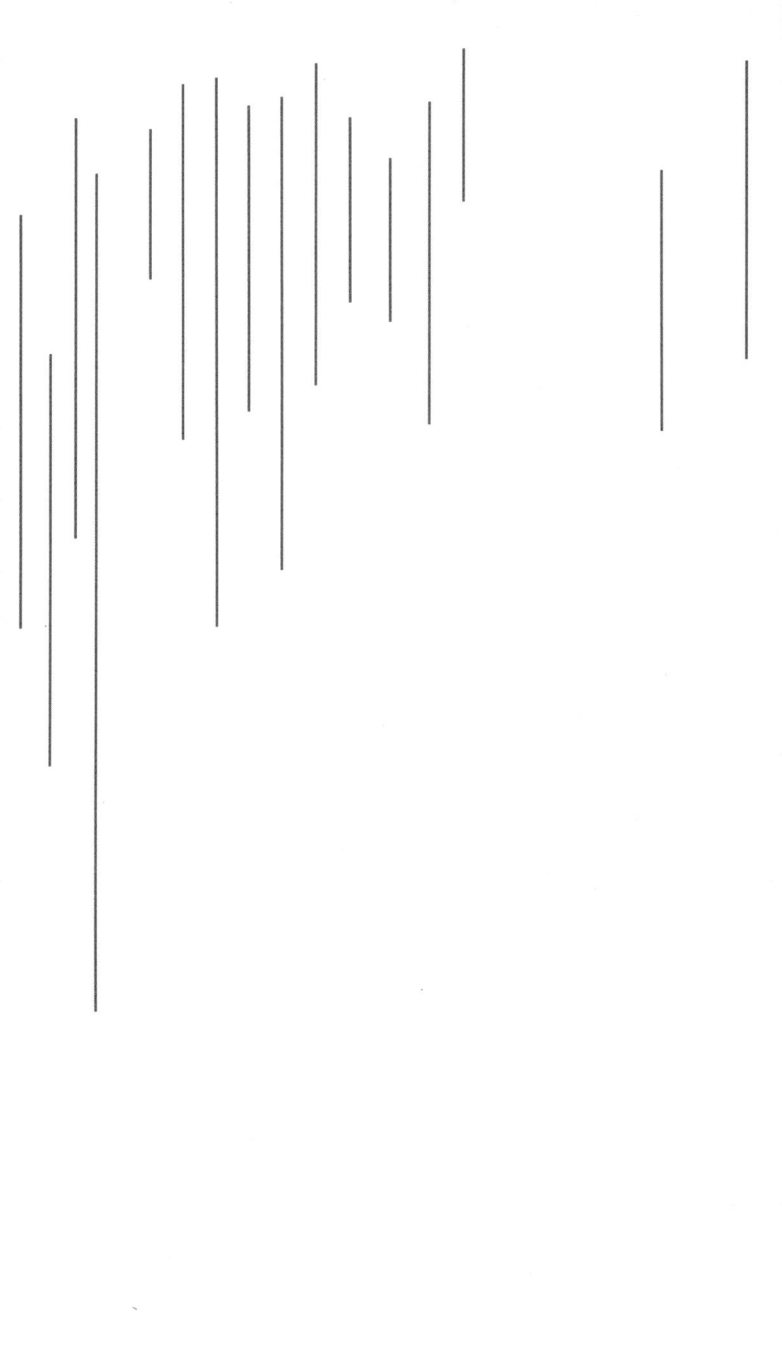

다르게, 다르게

무언가를 얻으려면
다른 것을 희생해야 한다.
무엇을 하려면
'무엇을 하지 않느냐'를
먼저 결정해야 한다.

하고 싶은 일을 재미있게 무리하지 않으며 할 수 있을까. 그러면서도 돈을 벌고 사회에 공헌하는 방법은 없을까.

재미와 돈, 자유와 공헌.

말은 쉽지만, 현실에서 추구하기 힘든 생활의 과제를 자기만의 방식으로 푸는 집단이 있다. 일하는 사람들이 직접 부동산 물건을 보고 경험하여 매력을 느낀 곳만 중개하는 일본의 '도쿄R부동산'이다.

한 사람은 부동산 개발회사, 한 사람은 경영 컨설팅 회사, 한 사람은 광고회사. 도쿄R부동산을 설립한 세 사람은 제각기 다른 일의 이력을 지녔지만 고민은 하나였다.

좋아하는 일을 어느 정도 전략적으로 하기. 세 사람은 서로의 가치관을 조율하며 네 가지를 약속했다.[1]

(1) 하고 싶은 일 하기
(2) 제대로 돈 벌기
(3) 사회를 풍요롭게 만들기
(4) 함께하면 즐거운 동료와 일하기

---

[1] 도쿄R부동산, 바바 마사타카, 하야시 아쓰미, 요시자토 히로야 지음, 정문주 옮김, 『도쿄R부동산 이렇게 일합니다』, 정예씨

그다지 새롭거나 특별하지는 않다. 시작도 체계적이지 않았다. 구체적인 사업계획서도 갖추지 않았다. 안정된 회사를 자발적으로 그만둔 프리랜서들이 네 가지 이상을 공유하고, 일정한 거점 없이 불규칙한 활동을 '시작'했을 뿐이다.

그 시작이 중요하다. 신세 한탄, 불평불만, 설왕설래, 완벽 추구만 늘어놓다가 '생활'을 변명 삼아 제자리로 돌아가는 사람들이 얼마나 많던가.

실천. 세 사람은 다니던 회사를 과감히 그만두었다. 비전. 서로의 다름을 인정하되 포기할 수 없는 가치를 공유했다. 우선순위. 인생에 필요한 것은 우선순위를 매기는 것[2]임을 깨달았다. 집중. 세 사람은 거리와 공간을 재미있고 생기 있게 변화시키는 데 집중했다. 가벼움. 우선순위에 집중하자 일은 의식주를 지탱하는 절대적 존재에서 '수단'으로 가벼워졌다.

물론 프리랜서가 되었다고 해서 괜찮은 일이 당장 들어올 리 없다. 세 사람은 서두르지 않았다. 조직. 비전을 공유하며 함께 일할 사람들을 합류시켰다. 직장인과 독립 프리랜서의 중간 형태인 프리에이전트 스타일을 완성했다.

---

[2] 오시이 마모루 지음, 장민주 옮김, 『철학이라 할 만한 것』, 원더박스

"대기업에 갈까요, 스타트업에 갈까요?"
"하고 싶은 일이 있는데 용기가 없어요."
"이직하고 싶은데 주변에서 반대가 심해요."
"지금 창업해도 될까요?"

일하여 돈을 버는 사람이라면 누구나 갖는 의문과 질문에 일본의 작가 구노스키 켄은 "99퍼센트는 하고 싶은 대로 하라!"[3]고 퉁친다.

우리는 커리어에 대한 의사결정 과정을 '거래'처럼 생각한다. 이건 어떠니 저건 어떠니, 이게 좋을까 저게 좋을까.

그러나 인생은 트레이드 오프trade off다. 어느 것을 얻으려면 반드시 다른 것을 희생해야 한다. 무엇을 하려면 '무엇을 하지 않느냐'를 먼저 결정해야 한다.

켄은 묻는다. 지난 시간을 돌아볼 때 생각대로 된 일이 있던가요? 그리고 초를 친다. 어차피 생각대로 되지 않을 테니 좋을 대로 하세요! 훌륭한 염장 지르기다.

누구나 일을 한다. 취업과 이직과 창업과 실적 목표 milestone와 방향 전환pivoting과 투자 회수exit와 은퇴를 궁구한다.

---

[3] 구스노키 켄 지음, 노경아 옮김, 『좋을 대로 하라! 단 하나의 일의 원칙 1』, 미래지향

많은 이들이 궁리만 하다가 포기하는 현실에서 도쿄 R부동산은 네 가지를 꾸준히 실천하고 있다. 캡처해도 좋을 만큼 우선순위와 균형을 골고루 갖춘 기준이다.

(1) 프리에이전트 스타일의 일
(2) 신뢰와 비전을 바탕으로 모인 팀
(3) 자유, 책임, 공정성을 추구하는 조직과 업무
(4) 행복을 최적화하는 자세와 가치관

『프리에이전트의 시대가 오고 있다』라는 책이 있다. 미국 제45대 부통령을 지낸 앨 고어의 수석 연설문 작성자로 백악관에서 일했던 다니엘 핑크는 산업혁명의 유산인 '직업'을 넘어 새로운 노동방식의 시대가 오리라 예감했다.

조직에 묶이지 않고 고객과 관계를 맺으며 살아가는 프리에이전트. 밀레니엄으로 세상이 떠들썩했던 2000년대 초반이었다.

도쿄R부동산의 세 사람은 일의 방식을 고민하며 이 책을 참조했다고 말한다. 나 역시 다니던 대기업을 그만두고 미술 기자로 일의 방향을 옮기며 이 책을 읽었더랬다. 2001년 여름, 강원도에서 캠핑하며 읽었던 기억이 새록새록하다.

뭐, 2001년? 알고 있다. 추억이란 인생의 군더더기임을. 하지만 어쩌랴. 다니엘 핑크에 어울리는 분홍색 형광펜으로 밑줄을 그었던 한 구절이 20년 후의 나를 위무하는걸.

무엇을 해야 하나, 어디로 가야 하는 걸까 알 수 없던 시간. 언제까지 직장생활을 해야 하나 고민하던 30대 초반의 내가 소망을 담아 정독했던 문장.

> 그는 홀로 일한다.
> 모든 것을 자기 집에서 운영하고,
> 자신의 활동 기반으로
> 인터넷을 이용하고 있으며,
> 대기업이 베푸는 자비심에 의존하지 않고
> 자기 자신의 지식과 지혜에 의존하여
> 살아가고 있으며,
> 독립적이면서 동시에
> 다른 사람과의 협동을 통해
> 자신의 사업을 솜씨 있게 꾸려가는 것이다.
> 그는 프리에이전트다.[4]

꿈은 이루어진다.

---

4 다니엘 핑크 지음, 석기용 옮김, 『프리에이전트의 시대가 오고 있다』, 에코리브르

최종병기 인간 (1)

삶의 가장 소중한 가치는
기술과 돈이 아니라
'시간'과 '자유'를 넉넉히 누리는 것이라는 묘수.
어떤 것에도 매이지 않고
끄달리지 않겠다는 승부수.

세계적인 바둑기사 이세돌에게 패배를 안긴 '알파고'는 인공지능AI 연구 기업 '딥마인드'의 작품이다. 세기의 이벤트를 연출한 창업자 데미스 허사비스는 어릴 적부터 압도적인 기술 천재였다.

흥미롭게도 그를 진자리 마른자리 갈아 뉘며 손발이 다 닳도록 기른 그리스계 키프로스인 아버지와 중국계 싱가포르인 어머니는 기술에 무관심한 보헤미안이었다. 여동생은 작곡, 남동생은 문예 창작을 공부한 집안에서 허사비스는 속성으로 초·중·고교를 마치고, 열여섯 살에 케임브리지대학 컴퓨터공학과에 입학했다.

허사비스가 특별하고 이질적인 존재일까. 아니다. 그의 가계家系는 기술력과 창조력은 한 뿌리임을 보여주는 최적의 샘플링이다.

DNA뿐인가. 허사비스와 케임브리지대학의 궁합은 (1937년에 태어나 워렌 비티, 모건 프리먼, 더스틴 호프먼, 앤서니 홉킨스, 신성일, 김영옥, 시오노 나나미와 동갑인) 잭 니컬슨이었다. 그가 출연한 영화 제목처럼 '이보다 더 좋을 수 없었다'(아, 나는 왜 이런 게 재미있을까).

기계의 지능 유무를 판정하는 테스트를 고안한 앨런 튜링, 머신러닝을 대중화한 아서 새뮤얼, AI를 선보인 존 매카시, '신경망이 여러 층으로 존재하는' 딥러닝의 뿌리가 된 인공신경망 퍼셉트론을 고안한 프랭크 로젠블랫까지. 케임브리지 천재들이 다져놓은 비옥한 토양에서 허사비스는 AI에 '범용성'을 강화한 딥러닝이라는 새로운 품종을 개량했다.

범용성이란 무엇일까. 이미지, 음성, 번역 등 무엇을 입력input하여 AI의 활용성을 두루 높이는 것이다.

어린 시절 체스 세계 랭킹 2위에 오르기도 했던 허사비스는 '직관력'을 요구하는 바둑에 심취했다. 컴퓨터가 바둑을 두면 어떻게 될까? 허사비스는 바둑을 입력했다. 직관력을 갖춘 AI라는 씨앗을 파종했다.

그러나 농사는 토양과 기후의 영향을 심히 받는 법. 컴퓨터가 바둑을 둔다고? 허사비스의 농법을 허무맹랑하게 여긴 지도교수라는 뜻밖의 자연재해가 덮쳤다. 어떡하지?

간단하다. 이곳에서 문제가 생기면 저곳에서 해결하면 된다. 허사비스는 런던으로 경작지를 옮겼다. 새로운 농토에서 신경과학 박사를 경작하고 딥마인드라는 열매를 수확했다. 인공신경망을 만들어서 AI가 방대한 데이터를 가지고 스스로 학습하는 방식. 농사의 수확물은 지구촌 곳곳에 뿌려졌다.

대화형 AI 서비스에 입력하면 냉큼 나열되는 기술 천재를 구구절절 설명한 까닭은 세계를 기획하고 구성하는 '기술'의 본질이 '창조력'에 바탕을 두고 있음을 말하기 위해서다.

바둑을 학습하는 기계는 기술 천재에게도 쉽지 않았다. 다시 적는다. 이곳에서 문제가 생기면 저곳에서 해결해야 한다. 허사비스는 '버그'가 걸릴 때마다 기술 '너머'로 시선을 옮겼다.

퐁, 스페이스 인베이더, 벽돌 깨기…… 허사비스는 인터넷도 휴대전화도 없던 1980년대에 '게임'이라는 창조적인 기술을 개척했던 게임 회사 '아타리Atari'를 복기했다.

그는 신경망이 여러 층으로 존재하는 딥러닝과 패턴을 인식하면서 동시에 다음 행동을 하게 만드는 강화학습을 결합했다. 딥 강화학습! AI는 화면에 있는 픽셀만으로 아타리 게임을 하게 되었다.

그러나 바둑은 게임과 달랐다. 아무 정보가 없는, 어떤 정보도 학습하지 못한 채 가로세로 19줄의 바둑판에 돌을 놓는 프로그램은 완전하지 않았다. 버거웠다. 허사비스는 상대가 돌을 완전히 둘러싸기 직전의 활로가 하나만 남은 아타리單手, アタリ에 몰렸다. 미생未生이었다.

다행히 허사비스의 프로그램은 만반의 포석布石을 깔았다. 모든 시행착오가 '학습'이었다. 상대의 돌을 잡든 자신의 돌을 잃든 프로그램은 모든 대국을 기억했다. 좋은 수와 나쁜 수를 반복하며 요령을 익혔다. 2015년 《네이처》는 인간을 능가한 프로그램을 만든 허사비스의 딥마인드를 커버스토리로 실었다.

바로 이때, 허사비스는 뜻밖의 수를 두었다. 딥마인드, 구글에 매각!

천문학적 거래였지만, 그의 목적은 돈이 아니었다. 삶의 가장 소중한 가치는 기술과 돈이 아니라 '시간'과 '자유'를 넉넉히 누리는 데 있다는 묘수였다. 어떤 것에 매이지 않고 끄달리지 않는[1] 삶의 주인으로 살겠다는 승부수였다. (인공)지능의 본질을 규명하는 일에 인생을 걸겠다는 끝내기였다.

결과는? 2016년 3월, '이세돌 대 알파고 대국'을 중계하는 유튜브 채널에 2억 8천만 명의 시청자가 몰려들었다.

완생完生이었다.

---

[1] 이진경 지음, 『설법하는 고양이와 부처가 된 로봇』, 모과나무

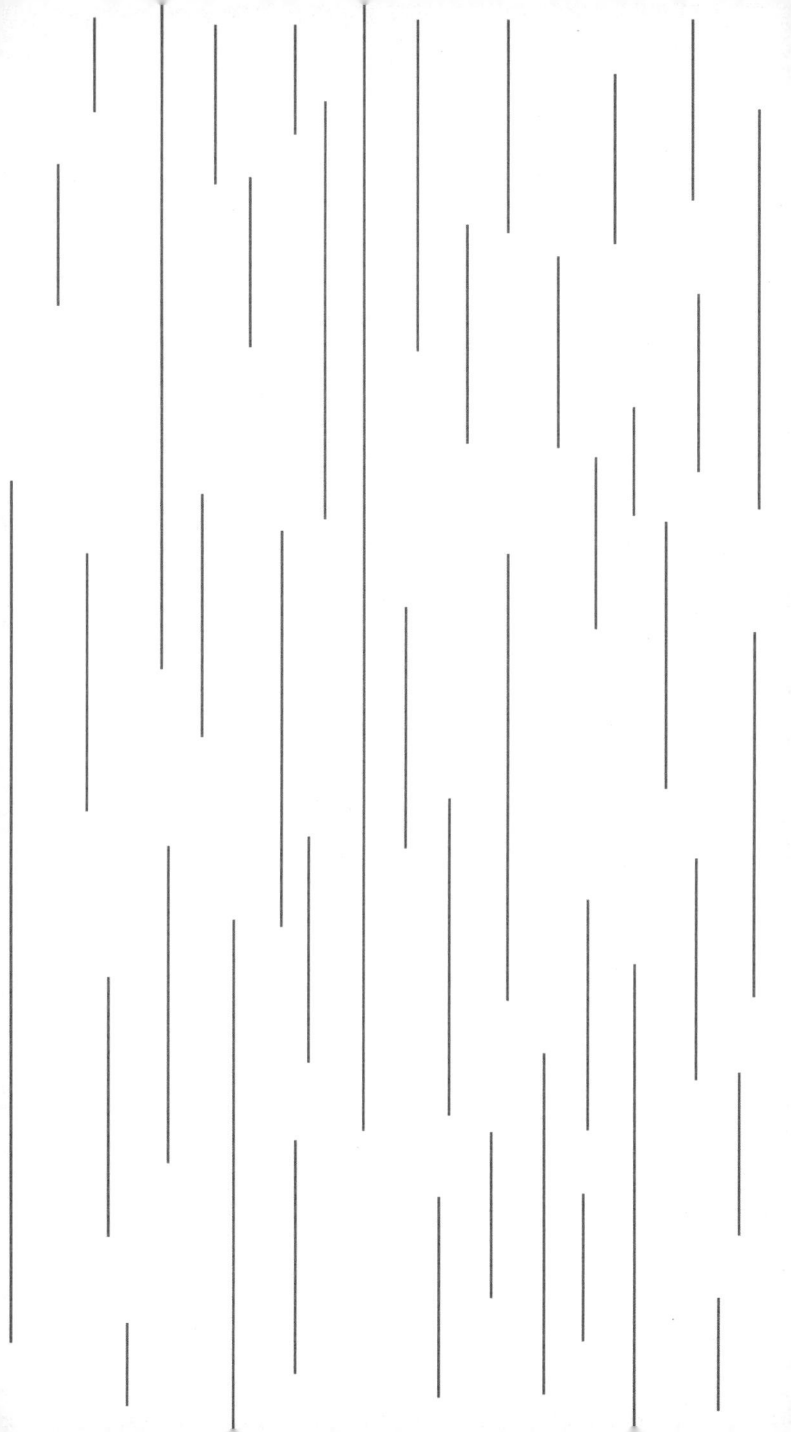

최종병기 인간 (2)

'기술 사용법'을 취득하는 시대는 지났다.
기술의 본질을 헤아려야 한다.
기술이 어디에서 나오고,
어떻게 움직이고, 어디로 흘러가는지
'학습'해야 한다.

흰 돌을 두면 검은 돌이 응수한다.

허사비스가 딥마인드를 앞세워 펼친 행마行馬는 '인생'이라는 대국을 두는 우리에게 우형愚形으로 다가온다. 모양새가 좋지 않다.

알고리즘이 스스로 학습하는 프로그램 때문에 대국을 포기하는 불계패에 몰린 이들이 적지 않다. 어찌어찌 꼼수로 피하는 자도 있고, 아등바등 이겨보겠다고 무리수를 남발하다가 자충수를 두는 자도 보인다.

알다시피 이세돌은 제1국부터 제3국까지 내리 패배했다. 그는 밤을 꼬박 새우며 패배했던 세 판을 복기했다.

알파고의 수는 사람의 수와는 달랐다. 알파고는 몇 점 차로 이기는지에 대해서는 연연하지 않았다. 알파고는 대국에서 이길 확률을 조금씩 높이는 방식으로 최적의 수를 찾았다. 무엇보다 알파고는 인간의 '감정'을 지니지 않았다. 한 수 한 수, 흔들리지 않았다. 사람을 기준으로 알파고의 시합 방식을 분석하고 동기와 전략을 찾는[1] 노력은 헛수고였다. 이세돌은 알파고를 기준 삼았다. 적확한 형세 판단이었다.

---

[1] 마이클 울드리지 지음, 김의석 옮김, 『괄호로 만든 세계』, 알에이치코리아(RHK)

모 아니면 도.

이세돌의 별명은 '쎈돌'이다. 밀고 나가는 기세가 강하다는 뜻이다. 어느 쪽을 택하든 이익 또는 손해가 일방적으로 이어지는 꽃놀이패에서 이세돌의 선택은 하나였다. 기술과 '다른' 수!

이세돌 스스로 "무엇과도 바꾸지 않을 1승, 값어치를 매길 수 없는 1승"이라고 기뻐했던 제4국 제78수는 바둑의 '범주'를 벗어난 귀수鬼手였다. 절묘하고 신기하여 특출하게 느껴지는 수였다.

기존의 범주에 머물 것이냐, 새로운 범주로 뛰쳐나갈 것이냐.

이세돌은 새로운 범주로 나아갔다. 인간이 기계와의 경쟁에서 '기세'를 찾는 방법은 단 하나, '변혁적 창조력'이라는 물러설 수 없는 도전이었다. 기술의 시대를 살아가야 하는 인류를 위한 기막힌 훈수였다.

나는 방금 '변혁적 창조력'이라는 낯선 단어를 인용했다. 새롭고, 놀라우며, 가치 있는 무언가를 내놓고자 하는 충동. 옥스퍼드대학에서 수학을 가르치는 마커스 드 사토이는 창조력을 세 가지로 나눈다.[2]

---

2 마커스 드 사토이 지음, 박유진 옮김, 『창조력 코드』, 북라이프

(1) 탐구적 창조력
(2) 접목의 창조력
(3) 변혁적 창조력

탐구적 창조력은 기존 규칙을 따르되 일의 범위를 확장한다. 접목의 창조력은 기존 규칙과는 다른 새 틀을 제시한다. 변혁적 창조력은 일의 흐름을 완전히 바꿔놓는다.

탐구, 접목, 변혁.

절체절명의 위기에서 이세돌은 바둑의 범주를 과감히 벗어난 수를 선택했다. 변혁적 창조력을 구사했다.

그러나 여기까지였다. 이세돌이 최초의 승리자이자 마지막 승리자였다. 이세돌을 끝으로 인류는 돌을 던졌다. '말'이라는 의미의 네트워크로 세계를 재구성했던 인간의 수고는 뇌나 신체와 직결된 '사물'의 집합을 다루는 즉물적 태도[3]로 대체되고 있다.

더 크게, 더 강력하게, 더 빠르게. AI의 엔트로피를 거부할 방도는 마땅치 않아 보인다. 이제 AI는 인간의 인생을 상담하고 공감하는 동반자가 되어가고 있다.

오케스트라부터 헤비메탈까지, 텍스트 입력만으로

---

3 후쿠시마 료타 지음, 안지영 옮김, 『나선형 상상력』, 리시울

생성되는 지브리 애니메이션 이미지와 영상까지. AI가 구현하는 음악과 이미지는 창작과 독창성의 개념을 허물고 있다. 음악 스트리밍에 인공지능이 저작권을 갖는 'AI 차트'가 생기고, 생성형 AI 시각효과로 만들어진 영화를 따로 시상하는 'AI 아카데미상'이 생겨날 판이다.

누군가는 자신의 코인과 NFT 유산을 자기 곁을 지켜준 AI 로봇에 증여할지도 모른다. (생물학적) 남성은 1과 3, (생물학적) 여성은 2와 4, 주민등록번호 뒷자리에 5와 6이 붙는 제3의 존재가 공생할지도 모른다. 그렇게 인간은 아타리에 몰릴 것이다.

조로아스터, 석가모니, 공자, 플라톤, 아리스토텔레스, 예수가 등장하며 종교와 철학과 과학의 뿌리를 내린 '축의 시대'(기원전 800년-서기 200년)를 정리한 카렌 암스트롱은 글을 쓰고 읽는 능력을 갖추면서 인간의 기억력이 감퇴했다[4]고 거슬러 올라간다.

현대인은 도저히 암송할 수 없는 긴 문서를 줄줄 외우고, 언어의 강세와 억양과 몸짓까지 정확히 후세에 전수했던 인간의 '초능력'은 기술을 사용하며 자취를 감추었다.

기술이 인간과 동격으로 자리 잡은 시대, 인간은 어

---

4 카렌 암스트롱 지음, 정영목 옮김, 『축의 시대』, 교양인

떻게 살아야 할까. 이제 '기술 사용법'을 취득하는 시대는 지났다. 기술의 본질을 헤아려야 한다. 기술이 어디에서 나오고, 어떻게 움직이고, 어디로 흘러가는지 '학습'해야 한다.

기술이 가져다주는 편리함도, 기술이 안겨주는 불안함도 인간 것이다. 왜 우울한가, 어떤 점이 불안한가, 지금 이 기술은 우리에게 어째서 문제적인가[5]라는 질문은 오직 인간만이 던질 수 있다.

세계의 변화와 변형과 변환과 변이와 변동과 변질과 전이와 전환과 이동과 운동에 감추어진 이면을 살피는 일. 자신의 의식 세계를 남들과 이야기하며 공유하는 능력[6]은 오로지 인간의 전유물이다.

예술 작품이 규칙을 만들지 규칙이 예술 작품을 만들지 않는다.

작곡가이자 피아니스트 클로드 드뷔시의 말이다.

---

5 조경숙·한지윤 지음, 『AI 블루』, 코난북스
6 『창조력 코드』

넉넉함이란 무엇일까

좁혔다가 넓혔다가, 조였다가 풀었다가.
어떤 일은 촘촘하게, 어떤 일은 느슨하게.
일과 돈과 삶은
적절하게 조율해야 한다.

나는 책을 만든다. 아무래도 책에 관심 있다. 그래봤자. 고급 지식을 자랑하는 서가의 고수가 강호에 널려 있다. 젠더를 통로 삼아 정치적 올바름을 표방하는 기획의 달인이 도처에 깔려 있다. '출판 학교'라는 게 있다면 어느덧 졸업을 앞둔 나이 든 편집자는 갈 곳 모른 채 서성인다. 쉽지 않다.

이제 나는 가급적 책을 만들지 않는다. 책이 두렵다. 굿즈는 더욱 무섭다.

아무래도 덜 만드니 일상에 틈이 생긴다. 특별한 일정이 없으면 동네를 벗어나지 않는다. 동네를 걷다가 카페에 들어간다. 책을 읽고 글을 짓고 커피를 마시고 풍경을 바라본다. 얕은 말을 내뱉는다. 좋다!

어떤 날은 서점에서 하루를 작파한다. 새 책을 두리번거린다. 읽을까 말까~ 읽을까 말까~ 고민했던 책이 눈에 밟힌다. 밟히면 눈이 아프다. 눈이 아프면 나중에 책을 못 읽겠지? 당장 사야겠군. 책을 사는 절체절명의 이유다.

책은 구입하는 즉시 읽어야 한다. 그래야 읽는다(정말이다). 방금 산 책을 들고 다시 카페를 찾는다. 차분히 읽는다. 끝까지 읽는다. 날이 저문다. 하루 끝!

물론 '들국화'의 노랫말처럼 '그것만이 내 세상'은 쉽사리 오지 않는다. 가급적 일하지 않겠다고 손사래 쳤건만 비엔날레(2년마다 열리는 국제 미술전) 큐레이터와 독서 경험으로 소셜 애플리케이션을 만드는 스타트업과 지식재산Intellectual Property, IP의 원천을 찾아 나서는 콘텐츠 플랫폼에 참여하는 일을 거절할 수 없었다.

큐레이터는 미술 이력을 잇는 일이었다. 스타트업은 달라진 기술 환경에 적응하는 일이었다. 콘텐츠 플랫폼은 대중문화가 머지않아 끝나면 그 자리를 수많은 '마이너' 문화가 차지[1]할 거라는 예감이었다.

그래봤자다. 일은 일이다. '좋은' 일이란 존재하지 않는다. 함께 일하는 사람이 좋으면 돈이 부족하고, 돈이 넉넉한 조직은 갑질로 본색을 드러낸다(정말이다).

좁혔다가 넓혔다가, 조였다가 풀었다가. 어떤 일은 촘촘하게, 어떤 일은 느슨하게. 일과 돈과 삶은 적절하게 조율해야 한다. 돈을 버는 일에서 '시간'을 소유하기로 결정한 일본의 청년처럼.

오하라 헨리는 일주일에 이틀만 일하며 우리 돈으로 1천만 원 남짓 연 수입으로 살아간다. 헨리는 왜 사회와의 관계를 최소한으로 유지할까. 물으나 마나다. '돈' 때문이다.

돈은 참 이상하다. 열심히 벌어도 늘 부족하다. 돈 버

---

[1] 마이너 리뷰 갤러리 지음, 『오타쿠의 욕망을 읽다』, 메디치미디어

는 일이 힘든 이유다. 나만 힘든 걸까? 다른 사람도 힘이 들까?

무얼 고민하나. 내가 힘들면 힘든 거다. 다른 사람과 비교해 누가 더 힘든지 따지는 건 무의미하다. 세상이 당연하게 여기는 일이 나에게 해당하는 건 아니다. 나만의 실감을 사회의 당연함에 내줘서는 안 된다.

지금 힘이 드는가? 힘든 상황을 벗어나려고 갖가지 이유를 대는가?

버티지 마라. 힘이 들면 힘든 정도를 낮춰야 한다. 열이 나면 열을 내리기 위해 해열제를 먹어야 한다. 꾸역꾸역. 힘든데도 그 상황을 감내하는 건 어리석은 짓이다.

헨리는 꿈이나 목표를 갖지 않기로 했다. 꿈과 목표로부터 자유로워지자 아무 데나 갈 수 있었다. 목표 지점을 설정하지 않자 오른쪽으로도 왼쪽으로도 자유자재로 갈 수 있었다. 생각하지도 못 한 길을 발견하게 되었다.

> 인생은 이기고 지고의 문제가 아니잖아요.
> 우리는 우리가 살고 싶은 대로 사는 것뿐이죠.
> 괜찮지 않나요?[2]

사람은 저마다 다르다. 당연히 만족과 행복의 정도

도 다르다. 무언가를 해서 만족하는 사람이 있으면 무언가를 하지 않아서 자족하는 사람도 있다. 좋아하는 일을 하며 뿌듯해하는 사람이 있다면 싫은 일을 하지 않아서 감격해하는 사람도 있다.

아무래도 헨리와 나는 후자인 듯하다. 싫은 일을 하지 않고도 살 수 있는 하루하루. 만족의 최저 지점을 알고 나니 이렇게 평안할 수 없다. 오유지족吾唯知足, 오직 만족을 알 뿐이다.

헨리는 묻는다. 사회나 타인의 '좋아요'를 바라지 않으면 어떻게 될까요? 그리고 답한다.

"아무 일도 일어나지 않아요!"

원더풀! 세상은 나에게 관심이 없다. 내가 세상에 관심 있을 뿐.

사회나 타인의 '좋아요'에 반응하지 않으면 인생의 승모근이 이완된다. 인생은 나의 '좋아요'를 기준으로 흘러야 한다.

헨리의 『가급적 일하고 싶지 않은 사람들을 위한 돈 이야기』는 내가 운영하는 출판사에서 펴냈다. 주식, 부

---

2 오하라 헨리 지음, 안민희 옮김, 『가급적 일하고 싶지 않은 사람들을 위한 돈 이야기』, 북노마드

동산, 비트코인, AI에 관한 책이 넘쳐나는 세상에서 곁길로 샜다. 당연히 그런 책에 비해 덜 팔린다.

상관없다. 책을 만들며 '현상 유지'라는 삶의 비법을 깨달았으니까. 무엇을 할지보다 무엇을 하지 않을지를 소실점 삼았으니까. 만족의 '최저' 지점을 파악했으니까.

우리는 늘 돈과 치고받는다. 패배한다. 우리가 돈에 패배하는 까닭은 미래를 '알 수 없'어서다. 이 말은 살아가는 데 돈이 얼마나 드는지 '알면' 돈의 불안을 최소화할 수 있다는 말이기도 하다.

내가 파악할 수 있는 '한도' 안에서 돈을 쓰고, '필요'를 기준으로 의식주를 영위하면 돈의 '기준'을 파악할 수 있다. 그 돈을 벌기 위해 어느 정도 일하면 되는지 '견적'이 나온다. 쓸데없이 불안하지 않다. 유레카!

돈의 본질을 헤아린다. 돈이란 가치를 보존하며 시공간을 이동하는 경제적 에너지[3]다. 파이낸스finance의 파이fi는 파이널final의 파이와 마찬가지로 '끝'[4]이라는 의미다. 돈을 지불하여 타자와의 관계를 끝내기. 퇴직금, 합의금, 위로금…… 냉혹하다.

나는 흐름이라는 돈의 본질에 마음이 기운다. 커런

---

3 거스 쿤 지음, 『사토시 테라피』, 디애셋
4 야마구치 슈 지음, 김윤경 옮김, 『비즈니스의 미래』, 흐름출판

시currency, 현금의 양이 아닌 현금의 경로[5]에 인생을 맡긴다. 다른 사람들을 위해 돈을 써서 '흐름'을 잇는 넉넉한 마음을 소유한 사람. 부자는 곧 '넉넉한' 사람이 아니던가.

일과 돈의 간격을 가다듬는다. 아무리 번지르르하더라도 나와 맞지 않는 일은 거절한다. 단호히! 초라하더라도 나와 잘 맞는 일은 누가 시키지 않아도 한다. 기꺼이! 생각과 감각이 산뜻한 협업자와 일을 나눈다. 공평히!

일을 나누면 돈이 줄어들지 않느냐고? 일과 돈을 독점하지 않으니 여유롭다. 돈이 들어오면 플러스 같지만, 돈을 벌려면 비용(마이너스)이 투입된다. 돈이 나가면 마이너스 같지만, 비용만큼 품이 들지 않는다(플러스). 성장과 안정을 둘 다 가질 수 없다.[6]

플러스 마이너스 제로,
돈보다는 시간,
평판보다는 자유.

---

[5] 사토시 나카모토 지음, 필레몬·바우키스 옮김, 『비트코인 백서 해설』, 필레우시스
[6] 어슐러 K. 르 귄 지음, 진서희 옮김, 『남겨둘 시간이 없답니다』, 황금가지

오프라인이든 온라인이든, 혼자 일하든 여럿이 일하든 마음에 '소음'이 일 때마다 되새기는 일의 디폴트다.

나는 돈 앞에서 '점잖은' 사람으로 살고 싶다. 드레드레 욕심을 부리지 않는다. 형편이 나아졌다고 우쭐하지 않는다. 사정이 박하다고 위축되지 않는다. 내가 통제할 수 있는 돈에 최선을 다한다.

앞에서 살짝 언급했던 윤지영 작가는 자신에게 일의 '왜Why'를 일깨운 건축가를 소개한다. 동서남북을 보지 못하고, 수익과 직결되지 않는 공용 공간에 관심이 없는 건축주들을 바라보며 건축가는 잊을 수 없는 한마디를 남긴다.

> 모든 건축주들이 수익이 발생하지 않는 곳에 관심이 없다. 하지만 (건물의 가치를 높이는) 답은 바로 그곳에 있다.[7]

돈이 안 되는 곳에 인간이 걸어가야 할 길[道]이 있다. 도는 넘치지 않는다.[8]

---

7 『WHY-돈, 직업, 시간 그리고 존재를 묻다』
8 웨인 다이어 지음, 신종윤 옮김, 『치우치지 않는 삶』, 나무생각

느슨하게 출판하기

괜찮아?
사람들이 묻는다.
괜찮아!
사람들에게 답한다.
내 속도대로 살 뿐이다.

각자도생, 각자도사 시대다.

내 이름을 '호명'해주기를 갈구하는 '핵개인'이 '쇼펜하우어'에게서 해답을 갈구하는 인생 주술서의 성지에서 나이 든 편집자의 하루하루는 곤혹스럽다.

이웃 나라의 나이 든 사상가도 비슷한 곤경에 처했을까. 일본의 아즈마 히로키는 '현실의 곤경'과 '사상의 곤경'이라는 두 가지 붓으로 시대의 풍경을 채색한다.

메시지가 '잘못 배달'되어 예기치 않은 소통이 일어나는 오배誤配, 새로운 문화 소비자 오타쿠, 세속적이고 무책임한 태도로 새로운 연결을 잇는 관광객…… 시대의 변화를 이르게 예감한 그의 언어를 밑줄을 그으며 읽었더랬다.

아즈마와의 첫 만남은 『존재론적, 우편적』이었다(읽지 마시라, 두껍다). 일본에서 1998년 출간된 이 책에서 아즈마는 플라톤 이래 세상에 굳건히 뿌리박은 형이상학을 가지치기한다.

철학자의 글(우편물)이 그의 생각대로 정확히 기록되지도, 그의 의도대로 읽히지 않는다는 반反철학적 메시지. 우편물은 처음부터 잘못된 '우편 시스템(철학)'을 떠돌고 있다는 가르침은 자연스레 내가 세상에 발신한 글과 말을 돌아보게 했다.

아즈마의 첫 책은 17년이 지나서야 우리말로 배달되었다. 2015년, 나는 모든 가치를 시장 안에서 판단하는 무리가 '문학'이라는 이름으로 본색을 감춘 '동네'에서 추방당했다. 자본주의 구조 속에서 독립과 대안은 애당초 도착할 수 없는 메시지였다. 나는 1인출판으로 도피했다.

오해 마시라. 기업형 출판은 위선이고 소규모 출판은 신성하다는 진부한 넋두리는 아니다. 책을 만드는 일에는 여러 가지 방식이 있고, 그중에서 나의 실존에 가장 적합한 교두보를 확보했을 뿐이다.

작전상 후퇴. 전장에서 이탈한 나에게 진지는 필요치 않았다. 서가에 넘너른하던 책을 중고 서점에 내다 팔았다. 덕분에 도저히 버릴 수 없는 몇 권의 책을 추릴 수 있었다. 백석, 김현, 한창기, 박이문, 정운영, 이성복, 김규항…… 나는 소셜 미디어가 없었던 시대를 '다시' 읽어나갔다.

다시 읽는 것은 '다른' 경험을 누리는 일이자 내가 달라지는 것[1]이었다. 시대가 혼란에 빠질 때마다 든든한 버팀목이 되어주는 유시민은 윤석열의 대통령 당선부터 파면까지 '내란성 불면증'에 시달리면서 1859년에 나온 존 스튜어트 밀의 『자유론On Liberty』을 읽고 또 읽었다고 말한다.

---

1 퍼트리샤 마이어 스팩스 지음, 이영미 옮김, 『리리딩』, 오브제

읽고 또 읽으며, 화나고 아프고 어이없는 일들을 견디고 이겨낸 시민들에게, 계엄의 밤 국회에서 계엄군을 막아섰던 사람들에게, 남태령의 기적을 만든 젊은이들에게, 눈보라를 맞으며 헌법재판소 앞에서 밤을 지샜던 남녀노소에게 무한히 큰 감사의 마음을 나누었다고 고백한다. 뭉클하다.

이제 나는 새 책을 두리번거리지 않는다. 읽은 책을 읽고 또 읽는다. 모서리가 나들나들 닳은[2] 책을 다시 읽으며 표지와 본문 사이에 낀 면지를 살핀다. 책을 사면 면지에 연필로 날짜를 적는 습관 덕분에 언제, 어느 서점에서 샀는지 알 수 있다.

그날 나는 왜 이 책을 샀을까. 누가, 무엇이, 나를 이 책으로 이끌었을까. 그날 나는 어떤 하루를 살아가는 자였을까. 그 시절 나는 어떤 생각을 품었을까.

그때의 읽기와 지금의 읽기를 돌아본다. 어떤 책은 아무런 변화가 없고, 어떤 책은 나조차 믿기 힘들 정도로 달라진 소회를 안겨주었다. 무엇이든 깨달음이리라.

그 시절, 그 책을 읽었던 나는 지금 존재하지 않는다. 다행히 다시 읽는 지금까지 살아 있다. 그때의 나는 지

---

[2] 김수영 시, 「책」

금의 나를 꿈꾸었을까. 책을 만들며 미술과 철학을 나누는 자로 살고자 했을까.

그때의 나는 알고 있었을까. 훗날 글 쓰고 말하는 짓을 그만두려고 했음을, 현실에 만족하지 못하고 외부로 눈을 돌리려 했음을, 그러다가 결국 다시 돌아오기를 반복했음을.

아무렴 어떠하랴. 어차피 평범한 대부분의 독자에게 독서란 위대해지기 위해서가 아니라 살기 위해 하는[3] 것.

읽으며 삶을 채운다. 읽으며 생을 지운다. 읽으며 세상과 멀어진다. 읽으며 세상이 당연히 여기는 가치를 의심한다. 읽으며 사람들이 당연히 하는 일을 하지 않는다.

괜찮아? 사람들이 묻는다.
괜찮아! 사람들에게 답한다.
내 속도대로 살 뿐이다.

'가끔은 격하게 외로워야 한다'는 김정운 교수가 옳(았)다. 자발적 고립은 '휴식'이(었)다.

---

3 진은영 지음, 『나는 세계와 맞지 않지만』, 마음산책

나의 아침은 느려졌고, 나의 오후는 길어졌다. 1년에 수십 종을 펴내던 도서 목록도 계절에 한 권 남짓 간소화되었다. 그래도 아즈마 히로키의 『약한 연결』과 『느슨하게 철학하기』를 펴내는 일은 잊지 않았다.

우리는 온라인에서 숨을 쉰다. 온라인에서 보고 듣고 쇼핑하고 즐기고 일하고 관계 맺는다. 강하게 연결되어 있다. 우리는 온라인에 접속해 정보를 검색하고 질문하고 축적한다. 정보를 몽땅 끌어안으려고만 하고 깔끔하게 버리지 못한[4]다. 원하는 정보에 갇힌다.

『약한 연결』은 온라인 '바깥'으로 우리를 접속시킨다. 차분하게 흘러가는 시간에 몸을 맡긴다.[5] 신체의 이동! 환경을 바꾸면 검색어가 바뀐다. 서울에서는 서울을 검색하지만, 치앙마이에서는 치앙마이를 검색하게 된다. 서울에서 만날 수 없는 '우연'과 조우遭遇한다.

『느슨하게 철학하기』는 비평과 에세이가 섞인 책이다. 반려동물, 가상화폐, 한국 영화(〈택시 운전사〉) 등 느슨한 글감에서 출발하여 서브컬처와 문예비평이라는 전문 분야로 무게 중심을 잡고, 안정적인 대학교수를 버리고 독립출판사를 경영하는 개인적인 이야기로 맺는다.

---

4 아카세가와 겐페이 지음, 서하나 옮김, 『노인력』, 안그라픽스
5 아즈마 히로키 지음, 안천 옮김, 『약한 연결』, 북노마드

비평이란 무엇인가? 공적인 것과 사적인 것은 어떻게 구분하는가? 지식인은 무엇을 해야 하는가? 대학교수를 벗어던지고 왜 1인출판을 하는가?

이제는 긴가민가 어딘가 아리까리한 존재가 되었지만, 그의 철학이 여전히 현재진행형임을 알 수 있는 문장이 곳곳에 아롱거린다.

> 나는 비효율적인 인생을 살아왔다.
> 오랜 시행착오를 거쳐 비평가로서
> '해야 할 일'을 발견했다.
> 더 이상 헤매지 않고, 세상이 좋은 방향으로
> 흐르는 데 작은 힘을 더하는
> '느슨한 비평가'로 살고 싶다.[6]

아쉽게도 이후 아즈마와 나의 인연은 아다리가 맞지 않았다. 만든 자의 관점으로 보아도, 독자의 시선으로 보아도 내가 만든 책보다 한결 근사한 『관광객의 철학』과 『정정 가능성의 철학』과 『정정하는 힘』과 『지知의 관객 만들기』를 멀찍이 구경하는 자가 되었다.

아무렴 어떤가. 편집자의 기쁨은 다른 편집자가 공

---

[6] 아즈마 히로키 지음, 안천 옮김, 『느슨하게 철학하기』, 북노마드

들여 만든 책을 읽는 게 아니던가.

국가 권력과 자본주의와 정보 기술이 '나'의 고유성을 빅데이터의 파편 따위로 취급하는 시대에 '가지 않아도 되는' 장소를 찾는 '관광객'의 태도를 배운 것으로도 충분하다. 세상을 바라보는 관점과 삶의 태도를 끊임없이 정정[7]하고 과거의 해석을 바꾸어 현실에 고쳐가는 힘[8]을 얻은 것으로 족하다. 회사를 경영함으로써 출판이나 대학에 틀어박혀 있던 때보다 훨씬 폭넓게 사회와 접점을 갖는 생활인[9]의 가치를 인정받은 것만으로도 힘이 난다.

출판이라는 시스템을 신뢰했던 잘못, 잘못 배달될 줄 알면서도 꾸역꾸역 세상에 글과 말을 발신했던 잘못, 팔리지 않으면 즉각 '척결'되고 '처단'당하는 시대에 혹여나 발견되지 않을까 기대했던 잘못, 온갖 인플루언서에게 질질 끌려다니는 이 지경까지 떠나지 못한 잘못.

나 역시 비효율적인 인생을 살아왔다.

비록 출판인으로서 해야 할 일을 발견하지 못했지

---

[7] 아즈마 히로키 지음, 김경원 옮김, 『정정 가능성의 철학』, 메디치미디어
[8] 아즈마 히로키 지음, 안천 옮김, 『정정하는 힘』, 메디치미디어
[9] 아즈마 히로키 지음, 지비원 옮김, 『지(知)의 관객 만들기』, 메멘토

만, 더 이상 헤매지 않고, 세상이 좋은 방향으로 흐르는 데 작은 힘을 더하는 '느슨한' 출판인'으로 살고 싶다.

어차피 배달되지 않을 테지만. 흠흠.

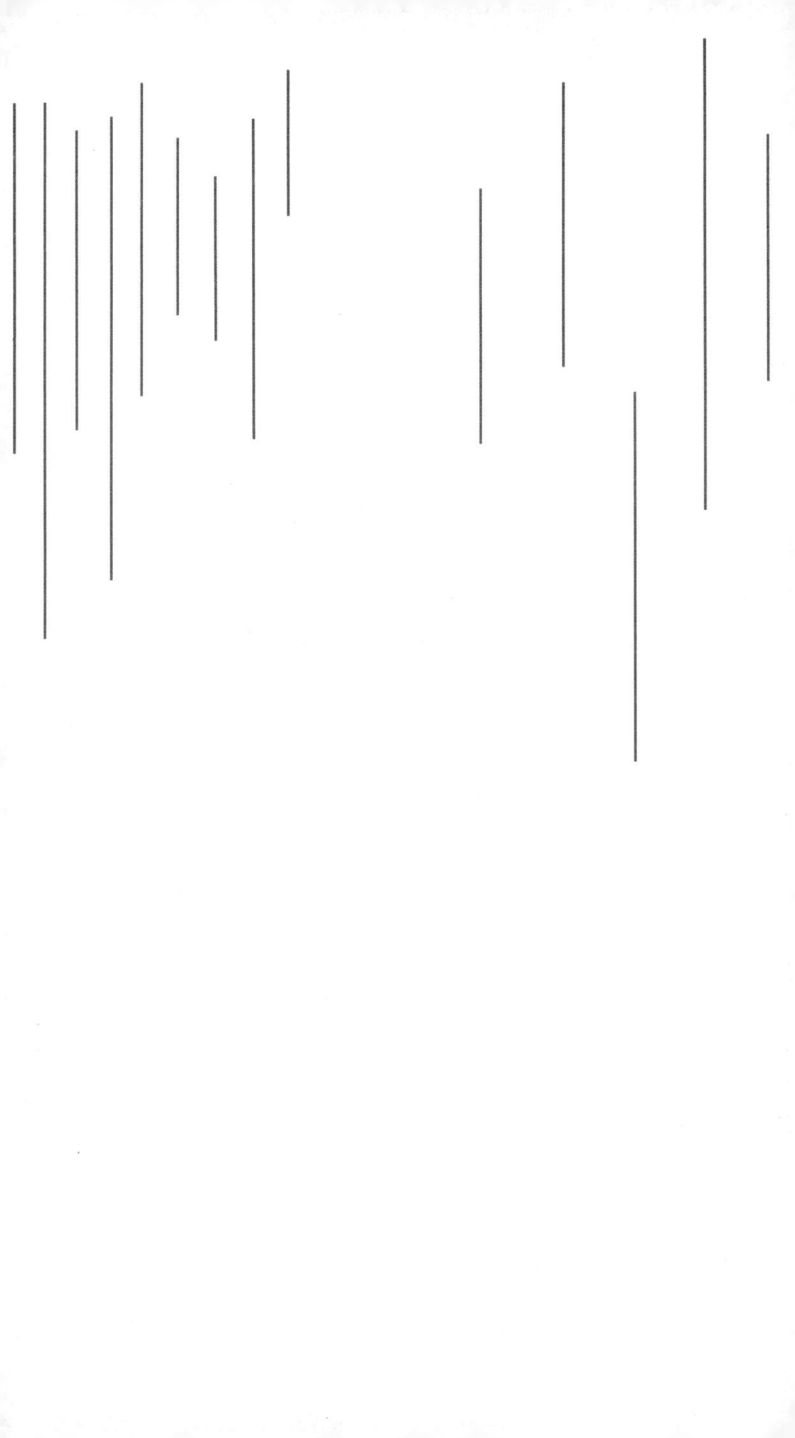

언제까지 성장해야 하나요?

지구를 위한다면
경제성장에 제동을 걸어야 한다.
지구의 미래보다 이익을 우선하는
자본주의 시스템을 바꿔야 한다.
멈춰야 모든 것을 멈추게 할 수 있다.

수년 전, 소설가 김훈은 신용카드 빚에 몰려서 빚으로 빚을 갚으며 생애를 망쳐가는 사람들을 염려하며 돈이라는 '실물'과 신용카드라는 '기호' 사이에서 길을 잃는[1] 세태를 한탄했다.

화폐의 사물성이 정보성에 밀려난 지금 '허송세월'을 보내고 있는 소설가는 어떤 언어를 벼르고 있을까 궁금해진다.

어쩌면 신용카드는 순진한 화폐인지도 모른다. 욕망과 구매력 사이에서 인간을 유혹하는 또 다른 기호일 뿐이다.

신용카드의 끝이 삶의 현실감각을 상실하는 정도라면, 승인 과정을 블록체인으로 조직화하도록 만들어 새로운 신뢰를 구성[2]하고, 권력 기관이 정한 시간에 의존하지 않는 탈중앙화된 고유의 시간[3]을 내재한 비트코인은 돈과 자본주의를 의심하게 만든다.

아무튼 돈이 문제다.

경제학자 우석훈은 자본주의라는 현실이 작동하는 한 자본주의에 대한 질문이 중요한 1번 질문이 되어

---

[1] 김훈 지음, 『밥벌이의 지겨움』, 생각의나무
[2] 다이고쿠 다케히코 지음, 『가상사회의 철학』, 산지니
[3] 『사토시 테라피』

야[4] 한다고 우선순위를 매긴다. 일본의 사회학자 사다카네 히데유키는 개인의 가능성을 추구하는 시스템으로서 소비 사회[5]밖에 떠오르지 않는다고 토로한다. 영국의 비평가 마크 피셔는 자본주의가 유일하게 존립 가능한 정치·경제 체계이며 그 대안을 상상하는 것조차 불가능하다는 '자본주의 리얼리즘'[6]을 제창했다. 자본주의를 예찬하건 비판하건 자본주의에서 벗어날 수 없다는 무력함이리라.

당신은 어떤 사람인가.

'부와 행운을 끌어당기는 힘'을 갈구하는가. 인간을 가둔 돈과 시간과 정신의 울타리를 절단하는 '역행자'를 꿈꾸는가. 영혼까지 끌어모아서라도 '부의 추월차선'에 올라타고 싶은가. 적고 나니 어수선하다.

여기, 자본주의를 곧이곧대로 받아들이지 않는 일본의 경제학자가 있다. 일본에서만 60만 부 이상 판매된 『지속 불가능 자본주의』를 쓴 도쿄대 교수 사이토 고헤이는 자신을 마르크스주의자로 소개한다.

마르크스?

---

4 우석훈 지음, 『슬기로운 좌파생활』, 오픈하우스
5 사다카네 히데유키 지음, 남상욱 옮김, 『현대 일본의 소비 사회』, 연두
6 마크 피셔 지음, 박진철 옮김, 『자본주의 리얼리즘』, 리시올

거의 모든 지식인이 환경과 생태를 들먹이며 자본주의에 어물쩍 기생하는 현실에서 그는 마르크스를 새롭게 읽어냄으로써 자본주의를 뛰어넘을 수 있다고 믿는다. 용감하다.

동일본 대지진, 후쿠시마 제1 원전 사고, 코로나19 팬데믹…… 고헤이는 편리함이라는 이유로 별다른 고민 없이 사용하는 원자력발전에 물음표를 던진다. 팬데믹이 노출한 경제적 불평등을 발췌한다. 그리고 한 줄로 정리한다.

모든 위기의 원인은 자본주의에 있다.

자본주의는 이윤을 추구한다. 이윤을 추구하기 위해 기술 발전에 몰두한다. 이윤 추구와 기술 발달 속에서 노동자는 종속되고 자연환경은 파괴된다.

산출과 투입의 차액, 즉 잉여가치를 생산하지 않는 계급이 잉여가치 분배에서 결정권을 행사하고, 잉여가치를 생산하는 계급이 분배의 결정에서 소외[7]되는 불공평하고 불공정한 현실은 바뀌지 않는다. 내가 가급적 일하지 않는 이유다.

---

7 정운영 지음, 『시선』, 생각의힘

고헤이는 1818년에 태어나 1883년에 세상을 떠난 마르크스에게서 해답을 갈구한다. 1867년에 세상에 출시된 『자본론』을 여전히 읽어야 하는 이유를 들이민다. 탈성장 코뮤니즘, 자본주의 체제를 없애야 탈성장이 가능하다는 신념을 굽히지 않는다.

1.5도라는 용어가 있다. 기후변화에 따른 지구의 재앙을 막기 위해서는 2100년 평균 기온이 산업혁명 이전과 비교하여 1.5도 이상 상승하지 않아야 한다는 지표다. 2030년까지 이산화탄소 배출량을 절반 가까이 줄이고, 2050년까지 0으로 만들어야 하는 절체절명의 기준이다. 이제는 모두가 아는 일상 용어다.

그러나 20세기 내내 성장을 동력 삼아 번영한 선진국의 겉과 속은 다른 듯하다. '녹색성장'이라는 잔머리가 눈에 거슬린다.

그들은 재생에너지에 대규모 투자를 감행하여 '성장'과 '기후 위기 극복'이라는 두 마리 토끼를 다 잡을 수 있다고 공언한다. 가능할까?

반대편에 자리한 탈성장주의자는 불가능하다고 고개를 젓는다. 경제성장과 기후 위기 극복은 양립할 수 없는 문제라고 각을 세운다. 국내총생산GDP 성장률을 2-3퍼센트로 유지하면서 1.5도 목표를 달성하려면 해마다 이산화탄소 배출량을 10퍼센트 줄여야 한다며 '숫자'로 반박한다. 환경을 지키려면 오직 하나, 경제

규모를 줄여야 한다고 일축한다.

아니올시다! 고헤이는 양쪽 의견을 모두 반박한다.

(1) 경제성장을 계속하면서 환경 부하를 줄이기란 대단히 어려운 일이다.
(2) 친환경적인 재생 가능한 에너지를 만드는 데에도 크나큰 환경 부하가 발생한다.
(3) 효율화를 통해 생산성을 높여도 상품 가격이 내려가 수요가 늘어난다.
(4) '충족되지 않는다'라는 희소성의 감각[8]을 원동력 삼는 자본주의를 멈추지 않는 한 탈성장 이론은 허무맹랑하다.

해결책은 없을까. 에코백, 텀블러, 전기자동차? 절레절레. 고헤이는 환경을 위한 개인적 노력만으로는 의미 없다고 고개를 흔든다. 지구를 위한다는 착각!

결국 자본주의다.

지구를 위한다면 경제성장 그 자체에 제동을 걸어야 한다. 지구의 미래보다 이익을 우선하는 자본주의 시스템을 발본적으로 바꿔야[9] 한다. 발본拔本, 나쁜 일의

---

8 사이토 고헤이 지음, 김영현 옮김, 『지속 불가능 자본주의』, 다다서재

근본 원인을 아주 없애야 한다.

과격하다고? 전혀!

코로나 팬데믹을 거치며 우리는 정치가와 기업이 내세운 환경 대책이 눈속임에 지나지 않음을 똑똑히 보았다. 그 피해는 사회적·경제적 약자인 우리가 고스란히 감당해야 한다는 사실을 여실히 실감했다.

일론 머스크, 마크 저커버그, 제프 베이조스, 세르게이 브린, 래리 페이지, 빌 게이츠…… 언론, 의료, 쇼핑, 외교, 국방, 소셜 미디어, AI, 우주산업…… 천재적인 재능으로 디지털 사회를 건설했다는 이유로 누구의 비판이나 지적도 고려하지 않으며 정부 권력까지 밀어낸[10] 미국 국적 백인 남성들의 자산은 코로나 상황에서 비현실적으로 급증했다.

코로나 팬데믹은 인류에게 마스크를 씌운 답답한 시간만은 아니었다. 파산하거나 어쩔 수 없는 상황이 되어야만 더 많이 추구하는 것을 멈추는[11] 인간을 향한 지구의 반란이었다.

유지능지중지 唯止能止衆止, 멈춰야 모든 것을 멈추게

---

9 『지속 불가능 자본주의』
10 크리스틴 케르델랑 지음, 배영란 옮김, 『정부 위에 군림하는 억만장자들』, 갈라파고스
11 모건 하우절 지음, 이지연 옮김, 『돈의 심리학』, 인플루엔셜

할 수 있다. 멈추면 비로소 보이게 된다(고 말했던 스님도 그동안 보지 못했던 것을 보았으리라 믿는다).

공유share.

자본주의를 유지한 채 탈성장을 추구하면 빈부격차만 확대되는 현실에서 고헤이는 '공공재common'의 가치를 환기한다. 공유? 알고 있다. '카누'를 마시는 공유는 반겨도 코뮤니즘 앞에서는 떨떠름한 당신을.

그럴 만도 하다. 자본가는 노동자를 먹여 살릴 의무가 없다.[12] 그저 그 사람의 노동력을 정해진 시간만큼 살 뿐, 노동자의 생계와 노후를 걱정하지 않는다. 자본가와 노동자는 공동체를 구성하지 않[13]는다. 노동력이라는 '상품'과 화폐라는 '상품'을 교환할 뿐이다.

그런데 화폐 상품이 화근이다. 노동력 상품을 들인 만큼 화폐 상품을 얻는다고 생각하는 노동자들은 자본가를 먹여 살릴 의무를 성실히 준수한다. 노동력 상품에 '정규 고용자'와 '비정규직 노동자'를 구분한다. 어떤 이는 뻐기고 어떤 이는 위축된다.

생존을 목적으로 이루어졌던 공동체 단위의 공동 노동은 상품의 '(잉여)가치'를 실현하는 노동력을 사고파

---

12 시라이 사토시 지음, 오시연 옮김, 『삶의 무기가 되는 자본론』, 웅진지식하우스
13 『삶의 무기가 되는 자본론』

는 것으로 옮겨갔다. 자본은 생산과정과 노동과정을 송두리째 결정하게 되었다. 노동자는 생산성의 도구가 되었다. 종속! 인간은 기계의 일부, 상품의 일부, 이익의 일부가 되었다.

자본은 자신에게 도움이 되는 기술과 능력을 갖춘 '가치 있는 자=가진 자'에게 잉여 이익을 재분배했다. 돈이 되지 않는다고 여겨지는 '가치 없는 자=덜 가진 자'는 외려 힘들어졌다. 인간은 자본에 완전히 종속되었다.

신자유주의 세계화 시대를 살아가는 자본주의 가치관을 내재한 인간은 코뮤니즘을 '공산주의'로 이해한다. 자기에게 재분배되는 잉여 이익을 나누지 않는다.

잘못된 해석이다. 공동체를 중시하는 코뮤니즘이 지나치게 '경제적'으로 축소[14]되었을 뿐이다.

제대로 옮기자. 코뮤니즘은 생산자들이 생산수단을 공공재로 삼아서 함께 관리하고 운영하는 체제다. 노동자와 지구를 우선하는 열린 기술을 '공동'으로 발전시키는 대안이다. AI와 기본소득을 결합한 혁신적인 경제 모델을 논의하는 시대, 코뮤니즘은 모든 종류의 '공동체적 삶'으로 나아가는 출발점이다. 돈 워리!

---

14 김누리 지음, 『우리의 불행은 당연하지 않습니다』, 해냄

소유에서 관계로, 성장에서 성숙으로.

2024년 4월 18일 오전 11시 55분 세상을 떠난 홍세화 선생이 남긴 마지막 칼럼[15]을 다시 읽는다.

> 『소유냐, 존재냐』를 빌려 "소유에서 관계로, 성장에서 성숙으로"라는 어설픈 말을 마지막 《한겨레》 칼럼에 쓴다.
>
> 각자의 삶은 각자가 맺는 사회적 관계의 총화라고 했는데, 오늘 닥친 기후 위기는 우리 모두에게 자연과의 관계 재정립을 요구하고 있다.
>
> 자연이 인간의 지배, 정복, 소유, 추출의 대상일 때 인간도 다른 인간의 지배, 정복, 수탈, 착취의 대상이었다. 자유를 지향하는 인간이 최악의 날들을 끝내기 위해 자발적 반란을 끊임없이 일으켰지만 결국은 모두 실패로 귀결됐다.
>
> 그렇다면 자연의 비자발적 반란에 마지막 기대를 걸어볼 만하지 않을까. 우군이 된 자연에 힘을 보태기 위해서도 소유주의가

---

15 홍세화 칼럼, '마지막 당부: 소유에서 관계로, 성장에서 성숙으로.', 한겨레, 2023년 1월 12일

끝없이 밀어붙인 성장주의에서 벗어나야
한다. 그리고 자연과 인간, 동물과 인간,
인간과 인간의 관계는 성장하는 게 아니라
성숙하는 것이다.

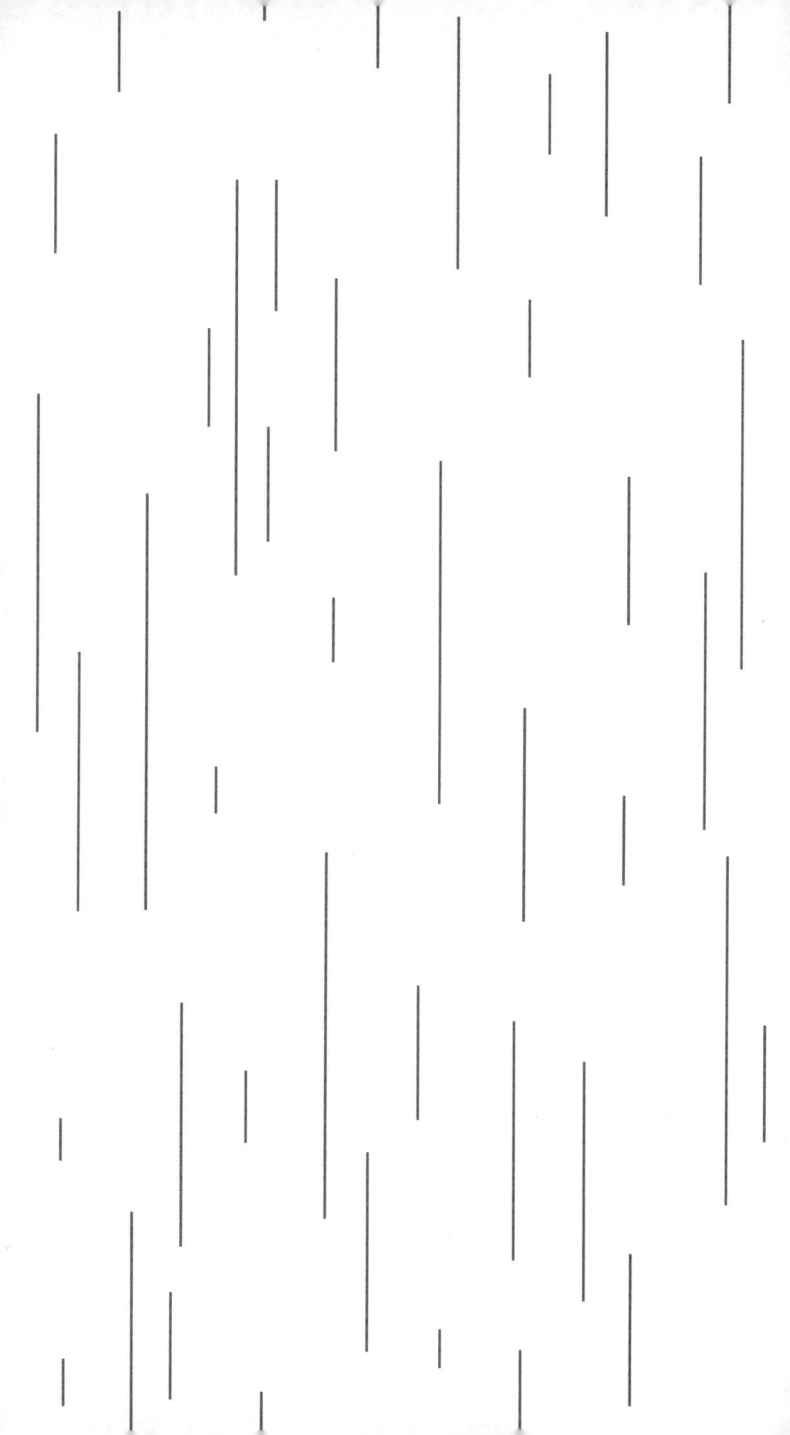

가능성이라는 거짓말

무슨 목표를 지니고 있는지
종잡을 수 없는 '또라이'는 환영받지 못한다.
다루기 어려우니까, 어디로 튈지 모르니까.
나는 또라이로 살고 싶다.

나는 역설적이다. 일을 좋아하면서도 가급적 일하지 않는다. 이 일은 어떨까, 저 일은 어떨까. 이렇게 하면 어떨까, 저렇게 하면 어떨까. 궁리하다가…… 결국 하지 않는다.

어떤 스텝step이 추구하는 목적을 이루는 데 '긴가민가'하거나 '아니다' 싶으면 과감하게 빼라[1]는 최소 노력의 법칙을 되뇐다. 어쩔 수 없이 해야 한다면…… 최소한으로, 미니멀하게, 드라이하게 한다.

나의 본색은 무엇일까. 개인적이면서도 '조금 멀리' 뻗어나가고 싶은 사람이 아닐까. 그래서 책을 선택한 게 아닐까.

읽는 일은 개인적이다. 쓰는 일도 개인적이다. 글이 모이면 사람들이 읽는다. 조금 멀리 나아간다. 이렇게, 지금처럼(고맙습니다, 100만 독자 여러분).

물론 읽고 쓴다고 해서 삶이 갑자기 용솟음치지 않는다. 나에게 읽고 쓰기는 삶을 지탱하는 도구다. 모호하고 불확실하고 복잡한 세계를 살아가기 위한 구체적이고 실질적인 방책이다.

한때 경험이 먹어주던 시절이 있었다. 지금은 아니다. 라떼와 꼰대. 연륜을 내세운 자들을 정성껏 섬기다

---

[1] 그렉 맥커운 지음, 김미정 옮김, 『최소 노력의 법칙』, 알에이치코리아(RHK)

가 간신히 경험을 운운할 나이가 되었는데 이 모양 이 꼴이다. 젠장. 언제나 그렇듯이 시대는 나를 기다려주지 않는다. 제기랄.

아니다. 받아들여야 한다. 젊은이들을 향해 '빈곤한' 경험에 근거해 '세상은 만만하지 않다'고 일깨우는[2] 자, 감수성과 사고가 굳어진 '고지식한' 자, 세상 풍파에 몸과 마음이 마모되어 주저앉은 자. 그래, 어른은 꼰대다.

차라리 잘됐다는 생각도 든다. 이 기회에 세상 따위 아무것도 모른다고 고백해야겠다. 세상과 남의 탓으로 돌리지 않고 나의 '형편없음'을 인정해야겠다. 더는 먹히지 않는 과거의 경험을 이 기회에 내던져야겠다. 할 수 없는 일을 겸허히 받아들여야겠다. 할 수 있는 일에 집중해야겠다. 가능성과 한계의 간격을 겸손히 받아들여야겠다.

가능성이란 무엇일까. 한계는 어디까지일까.

모르겠다. 가능성을 부추기는 것도, 한계를 정하는 것도 자본주의 연출, 각본 아래 상영된다는 정도만 짐작할 뿐이다.

자본주의는 능력을 돈으로 증명하는 체제다. 돈이

---

[2] 나카지마 요시미치 지음, 심정명 옮김, 『비사교적 사교성』, 바다출판사

능력을 승인한다. 우리는 돈을 벌어야 한다는 이유로, 돈을 번다는 최면으로 자기 능력을 돈으로 증명할 수 있다는 '가능성'을 품는다. 부업이 권장되고, 쉬는 날에는 자기계발 세미나로 붐비며, 점점 더 자신의 시간을 타인에게 팔고[3] 있다.

본래 자기계발이란 자기 생각을 바탕으로 공부하는 것이다. 그러나 지금의 자기계발은 불안에 시달리고 인정 욕구에 메마른 자들을 대상으로 돈을 버는 빈곤 비즈니스[4]로 전락했다.

(1) 저출산 고령화로 쇠퇴하는 사회에서 빈곤에 취약한 사람에게 다가간다.
(2) 그 사람의 자존심을 높여주려고 타자에게 우월감을 느끼는 기회를 늘린다.
(3) 인정 욕구에 메마른 자들을 폐쇄적인 '커뮤니티'에 가두고 자기계발 상품을 판매한다.

자기계발 비즈니스는 자기 '내면'에서 답을 찾으라고

---

[3] 사이토 고헤이 지음, 정성진 옮김, 『제로에서 시작하는 자본론』, arte(아르테)
[4] 사카이 조 지음, 정재혁 옮김, 『자기계발은 집어치우고 당장 철학을 시작하라』, 파르페북스

꾀어낸다. 나의 가능성을 믿어요, 새벽에 일어나세요, n잡을 병행하세요, 포장된 삶으로 '좋아요'를 움켜쥐세요, 그리고 미소를 띠며 우리를 홀린다. 야, 너도 할 수 있어!

세상은 가능성에 도전하는 인간의 덕적스러운 노력을 칭찬한다. 왜? 노력으로부터 자본의 부스러기가 생기니까. 세상은 가능성을 품은 열정적인 자를 좋아한다. 왜? 다루기 편하니까, 팔기 쉬우니까.

가능성을 맹신하는 사람은 목표를 향해 내달린다. 세상은 그들의 질주에 환호한다. 왜? 어디로 달려갈지 훤히 보이니까. 그러나 무슨 목표를 지니고 있는지 종잡을 수 없는 '또라이'는 환영받지 못한다. 왜? 다루기 어려우니까, 어디로 튈지 모르니까.

나는 또라이로 살고 싶다. 가능성은 '그럴 수 있음'이지 '그렇게 되어 있는 상태'[5]가 아님을 잊지 않는다.

세상이 성공했다고 인정하는 사람들이 가능성을 믿고 노력했을까. 한계를 인정하고 그것을 뛰어넘는 한 뼘의 노력이 차곡차곡 쌓여 지금에 이르지 않았을까. 그 축적이 '고유함'으로 인정받는 순간 가능성으로 불리지 않았을까. 그 결실이 SNS와 미디어를 통과하며

---

5 문광훈 지음, 『미학 수업』, 흐름출판

유난히 크고 널찍하게 보이는 게 아닐까.

세상은 우리를 지배하기 위해 과제를 부여한다. 이 과제를 완수하면 즉각 다음 과제를 할당한다. 완수하고 할당받고, 완수하고 할당받고…… 좌초하고 절망하고 붕괴하고 탈진하고 핍진하고 소진된다. 이것이 인생일까?

철학자 질 들뢰즈는 세상이 부과한 과제를 수행하며 타인과 시스템에 의해 피곤해질 바에는 스스로 모든 가능한 것을 소진[6]하라고 조언한다. 소진된 인간!

들뢰즈에게 소진은 '완성'이었다. 그건 쓰기라는 욕정으로 살아간 수전 손택도 마찬가지여서 강박적인 사람이 위대한 예술을 만든다[7]고 선언했다. 쓰기 위해 매일 십 킬로미터를 달리는 김연수도 재능이 모두 타버리고 난 뒤의 그을음[8]을 고백한다.

공부든 쓰기든 매일매일 수행하는 노동이라는 자각, 매 순간 실패함으로써 언젠가 성취할 수 있다는 용기. 들뢰즈와 손택과 김연수는 소진을 두려워하지 않았다. 소진은 끝이 아니다. 그들은 알고 있었다. 완전히 소진된 자리에 세상이 프로그래밍한 자아는 사라지고 본래

---

6 질 들뢰즈 지음, 이정하 옮김, 『소진된 인간』, 문학과지성사
7 시그리드 누네즈 지음, 홍한별 옮김, 『우리가 사는 방식』, 코쿤북스
8 김연수 지음, 『시절일기』, 레제

나에게 내재한 진아眞我가 드러난다는 섭리를 깨우쳤다.

진아란 무엇일까. 나를 나로 실감하게 만드는 변하지 않는 나다. 자아에 허우적거리지 않고 고요한 현재를 묵묵히 살아가는 자다.

그러나 인간은 자아를 넘지 못한다. 탈진과 핍진에 머물며 소진에 이르지 못한다. 슬럼프 따위 잠시 쉬며 극복할 수 있다고 큰소리친다. 먹고, 소비하고, 공항을 찾는다. 자아 충전 혹은 자아 탱천. 자기계발에 몰두한다. 버려야 할 자아는 더욱 의기양양해진다.

자기계발은 가능성을 추앙한다. 다시 자아에 갇힌다. 마지막으로 적는다. 이곳의 문제는 저곳에서 풀어야 한다. 자기계발 '너머'로 넘어가야 한다. 어떻게 살아갈 것인가를 사유해야 한다. 철학으로 이행해야 한다.

공부하고 학습하고 성장하고 성숙하는 길잡이. 겉으로 보기에 자기계발과 철학은 그리 다르지 않아 보인다. 천만의 말씀. 인생의 문제에 대한 답을 '어디'에서 찾느냐에서 둘은 확연히 갈라진다.

철학은 내면에 숨어 있는 가능성을 '포기'함으로써 시작한다. 자신에 대한 집착을 버리고, 고독과 불안과 절망과 마주하게 만든다.

적고 나니 어렴풋이 알 것 같다. 할 수 있는 일보다

할 수 없는 일이 점점 많아지는 상태. 나만 혼자 이렇게 달라져 있는 자는 '가능성들'이 소진된 상태다.

살며 처음 맞이하는 무기력한 나날들. 나는 기운이 다 빠져 없어진 탈진脫盡으로 여겼다. 아니다. 부나 명예 같은 현실적인 이익을 추구하는 마음으로부터 벗어난 탈진脫塵이었다.

무언가를 '실현'할 수 없는 무력한 상태와 아무것도 '가능'하지 않은 상태. 이름과 익명, 행동과 무용無用. 나는 그 간격을 왕복하고 있다. 그렇게 떠돌고nomad 있다.

이제 나는 가능성이라는 불가능한 말에 흔들리지 않는다.

그저 '가능한' 일을 할 뿐이다.

행운에 속지 마라

삶에 몰입하되
매몰되지 않아야 한다.
역동적으로 중심을 움직이며
평형을 잡아야 한다.

블랙 스완Black Swan이라는 용어가 있다. 일어날 확률은 낮지만 한 번 일어나면 엄청난 파급력을 가져오는 예외적 사건을 말한다. 도저히 일어나지 않을 듯한 일이 실제로 일어나는 현상을 가리킨다.

17세기 말, 네덜란드 탐험가 빌럼 데 블라밍은 호주 남부를 탐험하다가 우연히 검은 백조를 발견했다. '백조白鳥는 하얗다'라는 당연한 사실이 뒤집힌 이변의 순간이었다. 관찰과 경험에 의존한 인간 지식의 무력함이 드러난 결정적 장면이었다.

증시 대폭락을 가져온 1987년 블랙 먼데이, 2001년 9. 11 테러, 2008년 금융위기…… 블랙 스완은 초유의 사건에 날개를 편다. 그 날갯짓에 지금까지 통했으니 당연히 오늘도 통하고, 내일도 통할 거라고 확신하는 모든 게 흔들린다.

블랙 스완은 파생상품 트레이더와 위기관리 전문가로 일한 나심 니콜라스 탈레브가 지적재산권을 보유한 개념이기도 하다.

『블랙 스완』『행운에 속지 마라』『안티프래질』『스킨 인 더 게임』까지, 탈레브의 책은 '인세르토incerto' 시리즈로 불린다.

인세르토는 라틴어로 '불확실성'과 '위기'를 뜻한다. 무엇이 불확실하다는 걸까. 물어보나 마나다. 인생이다. 이제는 추억이 되어버린 〈산다는 것은〉이라는 유행가처럼 우리는 어디로 가야 할지 모르는 멀기만 한 세월을, 분명하지 않은 갈 길에 몸을 기대어 서서, 날마다 태어나고 날마다 또 다른 꿈을 꾸며, 어깨 위로 짊어진 삶을 무거워하는 존재이니까 말이다.

그러나 우리는 인생에 필연적으로 찾아오는 위기를 환경이나 사건 탓으로 돌린다. 탈레브는 다르다. 그는 위기의 원인을 철저히 '인간'에게서 찾는다.

욕망과 핵심 이익에 매몰되어 책임지지 않는 존재, 인생에서 운의 덕을 보았더라도 장기적으로는 운에 속도록 타고난[1] 무책임한 존재, 확률적으로 사고하지 못하는 제한적으로 합리적[2]인 존재인 인간에게서 위기가 생겨난다고 굳게 믿는다.

위기를 타개할 방책은 없을까. 게임에 직접 뛰어드는skin in the game '책임감' 있는 인간. 탈레브는 기업의 소유주나 임직원들이 자사주를 보유하고 결과를 책임지는 '스킨 인 더 게임'이라는 용어를 빌려 행동과 책임의 '균형'을 요구한다. 내란수괴의 무책임한 계엄 선포에 "국회가 신속하게 비상계엄 해제 요구 결의를 할 수 있었던 것은 시민들의 저항과 군경의 소극적인 임무

---

[1] 나심 니콜라스 탈레브 지음, 이건 옮김, 『행운에 속지 마라』, 중앙북스
[2] 『행운에 속지 마라』

수행 덕분"[3]이었듯이 말이다.

  책임과 균형은 기술과 인간의 관계로 이어진다.

  오픈AI의 샘 올트먼은 '세 가지 관찰Three Observations'[4]이라는 글에서 "우리의 사명은 범용 인공지능이 인류 전체를 이롭게 하도록 보장하는 것"이라고 선언했다.

  장구한 세월을 거치며 인간은 도구를 만들어 사용했다. 수명이 다할 때까지, 효용이 다할 때까지 도구는 인간의 관리를 받았다.

  그러나 AI라는 첨단 도구는 차원이 다르다. 올트먼은 기술을 '가상의 동료(AI 에이전트)'로 부른다. 엔비디아의 젠슨 황은 AI 에이전트를 '디지털 인력'으로 칭한다.

  인간의 관리를 받는 수백만 개의 AI 에이전트가 '살아 있는' 세상에서 올트먼은 '주체성, 의지, 결단'을 주문한다. 올바른 결정을 내리고 적응하는 능력. 기술에 대한 인간의 통제력과 안전성을 확보해야 한다고 주의

---

[3] "피청구인 윤석열 대통령을 파면한다." 2025년 4월 4일 오전 11시 22분, 헌법재판소 판결문

[4] "Out mission is to ensure that AGI(Artificial General Intelligence) benefits all of humanity.", https://blog.samaltman.com/three-observations

사항을 일러준다.

『세계는 평평하다』로 알려진 토머스 프리드먼은 무려 688쪽에 달하는 『늦어서 고마워』에서 모든 게 기하급수적으로 급변하는 '가속의 시대'를 조망한다.

기술, 세계화, 대자연.

오늘날 세계는 세 가지 힘이 일터와 정치와 지정학과 윤리와 공동체를 바꾸고 있다. 기업과 기업, 국가와 국가의 교역과 금융거래에 국한되었던 세계화는 개인이나 기업이 세계를 무대로 경쟁하고, 연결하고, 거래하고, 협력하는 능력[5]으로 확장되었다. 기후 위기는 지구와 인간의 미래를 비관적으로 바라보게 만든다.

역사상 가장 거대한 변화의 순간으로 기록되는 가속의 시대에 인간은 어떻게 살아가야 할까.

어차피 인간이 과학과 기술의 속도를 따라잡을 수 없는 법. 프리드먼은 기술과 세계화와 기후 위기보다 빠른 속도로 노를 젓는 '역동적 안정성'을 요청한다. 새로운 영역과 기존의 영역 모두 새로운 방식으로 관리[6]하고, 일터와 정치와 지정학과 윤리와 공동체를 '다시' 상상하고 설계하자고 촉구한다.

---

5 토머스 L. 프리드먼 지음, 장경덕 옮김, 『늦어서 고마워』, 21세기북스

6 『늦어서 고마워』

(1953년생) 작가는 아침 9시부터 저녁 5시까지 일하던 옛 시절을 그리워하지 않는다. 폭풍을 막는 장벽을 세우는 헛수고도 하지 않는다.

그는 폭풍과 함께 움직이는 '태풍의 눈'으로 기꺼이 뛰어든다. 역동적이면서도 안정적인 그곳에서 가속의 흐름과 같이 움직인다.

행동과 책임의 균형, 주체성과 의지와 결단, 그리고 역동적 안정성.

탈레브의 '스킨 인 더 게임'과 올트먼의 '세 가지 관찰'과 프리드먼의 가속의 시대를 바라보는 지혜는 오랫동안 우리가 간직한 '중용中庸'의 가치를 되새기게 한다. 삶에 몰입하되 매몰되지 않는 지혜를 돌아보게 만든다.

중용이란 어느 쪽으로나 치우침 없이 올바르며 변함이 없는 상태나 정도를 뜻한다. '좌도 아니요, 우도 아니요'라는 어정쩡한 '중도'를 말하는 자들이 즐겨 사용한다.

아니다. 중용이란 역동적으로 중심을 움직이며 평형을 잡는 일이다. dynamic equilibrium[7], 무게의 중심을 지키기 위해 끊임없이 움직이는 것이다.

블랙 스완은 반복해서 날아오를 것이다. AI는 인간

---

[7] 삼프로TV, '가운데 서 있는 게 중용이 아니에요 - 도올의 성리학 개론 6화'

의 자리를 위협할 것이다. 가속의 시대는 멈추지 않을 것이다.

그래도 살아야 한다. 끊임없이 움직여야 한다. 행동과 책임의 균형을 유지해야 한다. 중심을 이동해 평형을 잡아야 한다. 인간의 숙명이다.

인간의 정체성은 인간이다.
니체의 말이다.

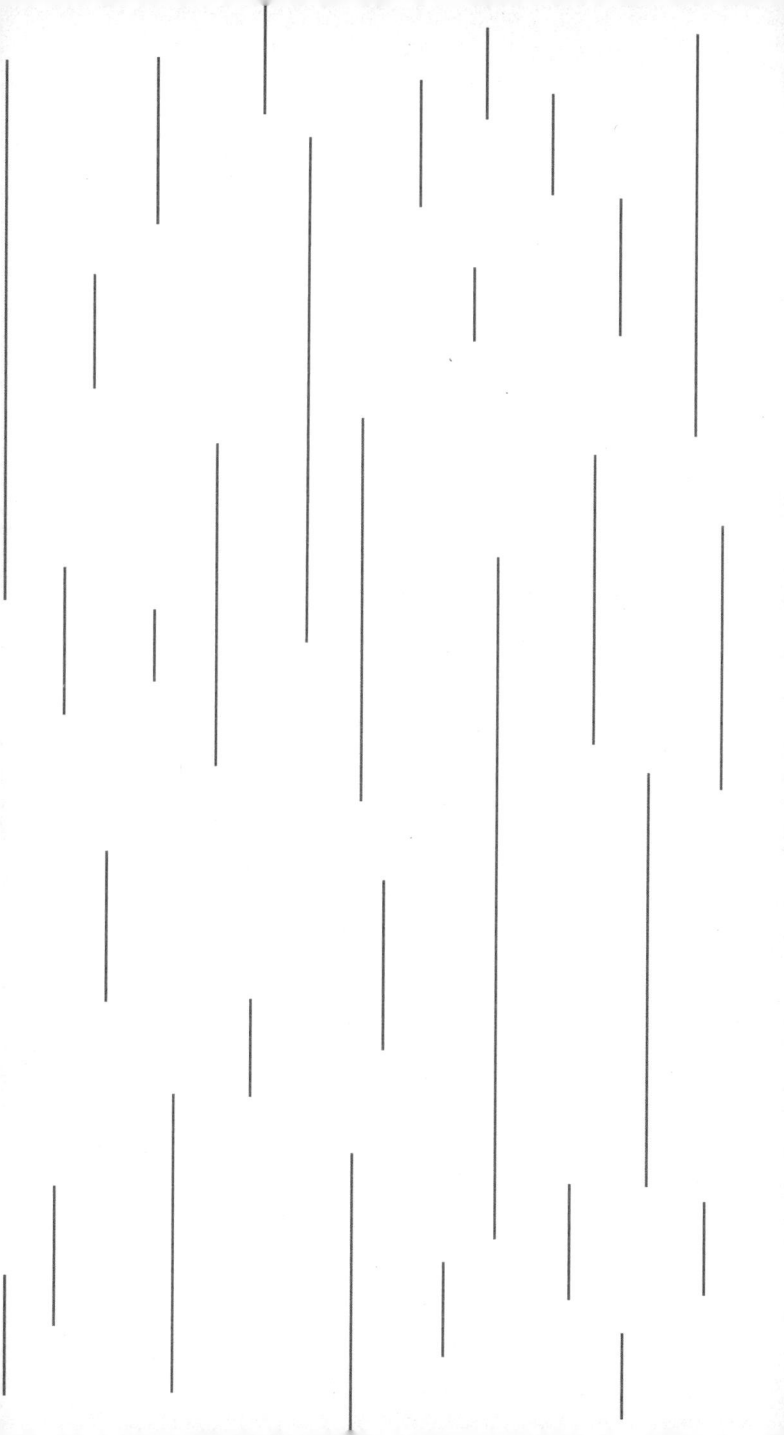

인생은 운이다

지금은 모든 분야가 '동시에' 격변한다.
임기응변식 대응은 재앙을 초래한다.
환경을 '총체적'으로 바꿔야 한다.
사회와 경제 시스템을 '두루' 인지해야 한다.

계속해서 탈레브 이야기.

데이터에 바탕을 두고 주식 트레이딩을 하는 탈레브가 오랜 경험 끝에 내놓은 단어는 '운運'이다.

과거에 할머니와 할아버지는 죽을힘을 다해 어머니와 아버지를 공부시켰다. 좋은 학교를 나오면 안정된 삶을 누린다는 인과론적 믿음이었다. 평지풍파를 일으키지 않는 한 대체로 비슷한 결과를 도출했다.

그러나 시대는 달라졌다. 'A를 하면 B가 된다'는 인과론적 사고를 벗어나 '다양성'과 '시행착오'를 핵심으로 삼아야[1] 한다. 유리한 확률분포를 가진 다수의 선택지를 확보해야 한다.

확률적 사고는 주식시장에서 극대화된다. 소중한 재산을 주식에 몰빵한 투자자는 주식 가치가 '오를까 내릴까'에 전전긍긍한다. 땡잡는가 싶다가도 나가리된다.

끗발 있는 고수는 오를 확률과 내릴 확률을 '동시에' 고려한다. 세상을 확률적으로 파악한다. 무슨 일이든 절대시하지 않는다.

초심자의 행운이라는 말을 들어보았는가. 게임이나 도박에 처음 참여한 사람이 크게 이기면 사람들은 '운이 좋다'고 부러워한다.

---

[1] 다부치 나오야 지음, 황선종 옮김, 『확률적 사고의 힘』, 에프엔미디어

그러나 도박의 고수는 고개를 젓는다. 초심자는 무엇이 어려운 수이고 쉬운 수인지 알지 못해서 필연적으로 단순한 수를 선택하기 마련이고, 그 단순한 수가 승리로 이어지는 것[2]이라고 판을 정리한다.

우연으로 이루어진 일상이 운명에 의해 정해졌다고 느끼고, 주가 예측을 믿고, 영웅과 평범한 사람을 다른 부류의 사람으로 인식하고, 승자가 최강이라고 생각[3]하는 우리를 제압하는 장땡이다.

도대체 언제 다 읽어요? 넷플릭스도 봐야 하고, 쿠팡에서 쇼핑도 해야 하고, 금세 사라지는 팝업스토어에도 가야 하는데…… 투덜거리면서도 기어코 넷플릭스도 보고, 쇼핑도 하고, 팝업스토어도 찾는 당신이 '인세르토' 시리즈에서 한 권만 읽고 싶다면 '불확실성 속에서 더욱 강해지는 습성'을 제시하는 『안티프래질』을 권하고 싶다.

삶은 불확실하니까,
삶이 나아지려면 불확실성을 줄여야 하니까.

---

[2] 사쿠라이 쇼이치 지음, 김현화 옮김, 『운을 지배하다』, 프롬북스
[3] 『확률적 사고의 힘』

물론 한 권의 책일 뿐이다. 읽는다고 해서 빨라지고 커지는 변화에 대처하기란 쉽지 않다. 탈레브 역시 불확실한 현실을 예측하더라도 '대안이 없다'고 고개를 젓는다. 그래도 28,000원이라는 거금을 주고 책을 산 독자를 위해 슬쩍 메타 인지meta-cognition라는 단어를 흘린다.

철학과 정치와 경제와 사회와 문화 전반의 메커니즘 변화를 두루 인지하는 능력. 메타 인지는 내 생각에 대한 생각[4]을 말한다.

우리는 특정 분야를 공부한 전문 지식을 바탕으로 직업을 선택했다. 전공이 곧 직업이었다. 어느덧 옛이야기다. 모든 존재가 연결된 오늘날 세분화되고 전문화된 지식은 아무짝에도 쓸모없다. 정치, 경제, 사회, 문화, 기술 등 모든 영역의 메커니즘을 두루 꿰뚫는 메타 인지가 절실하다.

그동안은 위기가 찾아와도 어찌어찌 대처할 수 있었다. 위기가 발생해도 특정 분야에 국한된 덕분(?)이었다.

지금은 모든 분야가 '동시에' 격변한다. 임기응변식 대응은 재앙을 초래한다. 환경을 '총체적'으로 바꿔야 한다. 사회와 경제 시스템을 '두루' 인지해야 한다.

---

[4] 김정운 지음, 『바닷가 작업실에서는 전혀 다른 시간이 흐른다』, 21세기북스

뭐라고? 위기 예측과 위험 회피 전략과 위기 예방은 국가와 기업 몫이 아니냐고?

그래서이다. 공고한 시스템으로 무장한 국가와 기업은 블랙 스완의 날갯짓에 흔들리더라도 제자리를 찾을 수 있다. 개인은 다르다. 한 번의 위기에 한 번뿐인 인생이 휘청거릴 수 있다.

코로나 팬데믹, 러시아와 우크라이나 전쟁, 미국의 관세 전쟁, 중국과 대만의 영토 분쟁, 세계 각지에서 우후죽순 돋아나는 극우 파시즘까지. 원인과 결과를 예측할 수 있는 정형화된 시대는 무너졌다. 안정과 지속이 보편적이었던 시대는 저물었다.

규칙보다는 시행착오,
선형보다는 비선형,
통계보다는 경험.

매 순간 다르게 대처하고 극복해야 한다. 우연을 필연으로 착각하지 않아야 한다. 군더더기 없이 빠르고 단순하게 움직여야 한다. 각자에게 주어진 운은 공평하다는 믿음을 지녀야 한다. 일상에 반복되는 작은 일은 철저히 계획하고 철두철미하게 지키되 인생에 갑작스럽게 찾아온 큰일은 대범하게 받아들여야 한다.

어떤 위기가 찾아와도 극복할 수 있는 안티프래질.

인생의 위기는 유연하게 받아들여야 한다.

춤을 추며 절망이랑 싸울 거야.
Antifreeze. '검정치마'의 노래다.

무한 게임의 주인공

무한한 가능성을 품는 곳.
힘과 소유를 평가하지 않는 곳.
성공에 대한 정의도 사람 수만큼 다양한 곳.
누구나 승리자가 되는 곳.

초등학생 조카에게서 전화가 왔다. 어릴 적에는 "큰아빠~ 큰아빠~ (장난감 사주세요)" 졸졸 따르던 녀석이 초등학교에 들어가자 살포시 새침해졌는데 웬일이람.

아니나 다를까, 냅다 할머니를 바꿔준다. 녀석을 돌보는 어머니가 시켜서 마지못해 한 것이리라.

이런들 어떠하리 저런들 어떠하리. 조카는 눈에 넣어도 아프지 않은 법(그래도 넣어서는 안 된다). 녀석과 대화거리를 찾는다.

고민할 필요 없다. 초딩에겐 '게임'이다. 할머니 때문에 어쩔 수 없이 큰아빠와 대화를 나누는 조카의 바람이 무엇이겠나? 얼른 끊고 게임하는 거겠지!

녀석에게 물었다. 요즘 최애 게임이 뭐야? '로블록스'란다. 언제나 그렇듯이 글로 세상을 배우는 큰아빠는 짐짓 아는 척한다. 아~ 사용자가 마음대로 게임을 설계하고~ 자신이 만든 게임에 다른 사람을 온라인으로 초대하는 메타버스 게임.

어릴 적 부모 눈을 피해 오락실에서 '갤러그'와 '제비우스'를 즐기다가 혼쭐났던 큰아빠와 모바일 플랫폼에서 아바타로 메타버스 게임을 하는 조카의 세대 간극은 메꿀 수 없을 정도로 벌어지고 있다.

어쩔 수 없다. 사물과 시간 사이 혹은 사건과 현상 사이의 틈. 간극間隙은 받아들여야 한다. 좁히고 줄이겠다고 달려들면 나만 힘들다. 기를 쓰지 않아야 내 몸의 기氣를 지킬 수 있다.

나는 각고의 노력을 기울여 간극을 메우고 싶지 않다. 눈에 핏발을 세우며 살고 싶지도 않다. 근성이 부족하다는 소리쯤 들어도 상관없다. 내 능력의 허용치를 넘는 속도와 무게에 버둥거리고 싶지 않다. 그래야 탈이 나지 않는다.

자연스러워야 한다. 자연의 섭리다. 야구에서 잘 치는 타자는 바깥쪽 공을 '결'대로 밀어서 친다. 194센티미터, 130킬로그램의 이대호가 그런 타자였다. 거구의 몸을 믿고 억지로 끌어당기지 않았다. 무리하지 않았다. 조선의 4번 타자. 그는 '게임'을 아는 선수였다.

게임!

뉴욕대학에서 종교사와 종교문학을 가르치는 제임스 P. 카스는 인생을 '유한 게임'과 '무한 게임'으로 나눈다. 기준은 '승패'다. 유한 게임은 승패가 나뉜다. 그러나 무한 게임은 누구나 승자가 될 수 있다.

유한 게임은 친숙하다. 초록색 체육복만 입지 않았을 뿐 우리는 〈오징어 게임〉에 뛰어든 플레이어니까. 회사에서 정리해고 당하고 도박중독에 빠진 이혼남, 투자에 실패해 빚을 진 금융인, 자본주의에 적응하지 못하고 소매치기로 살아가는 탈북자, 뇌종양에 걸린 시한부 노인, 임금을 주지 않는 사장과 다투다 도망자 신세가 된 외국인 노동자까지.

드라마 속 456명은 자본주의에서 살아남으려고 용을 쓰는 우리의 페르소나다. 누구는 현실을 반영한 풍자라고 예찬한다. 누구는 자본주의를 부정하는 선동이라고 경계한다.

당신은 누구의 손을 들어주었는가. 누구 편을 들건 '승리'를 목적으로 삼은 유한 게임에 갇혀 있을 뿐이다.

게임의 규칙.

누군가 승리를 거둔다는 것은 누군가는 패배한다는 것이다. 유한 게임은 승자와 패자를 엄정하게 나눈다. 규칙을 정한다. 시공간적 한계를 적용한다. 플레이어는 규칙을 준수하며 한계를 극복한다.

무한 게임은 다르다. 무한 게임의 플레이어는 절대로 끝나지 않는[1] 게임에 참여한다. 게임의 목적은 플레이의 '지속'이다. 끝이 없는 만큼 규칙과 경계는 고정적이지 않다. 플레이어가 상황에 맞게 언제든지 바꿀 수 있다.

바꿀 수 있다!

이 얼마나 자유로운 단어인가. 승리와 패배가 없으

---

[1] 제임스 P. 카스 지음, 노상미 옮김, 『유한 게임과 무한 게임』, 마인드빌딩

니 피 터지는 경쟁은 존재하지 않는다. 유한 게임의 플레이어는 다른 사람의 가치와 물질을 빼앗아야 승리한다. 무한 게임의 플레이어는 오로지 자신의 목표를 성취하면 된다.

유한 게임에서 이기면 부와 지위, 힘과 명예를 누린다. 당연히 소수만 누린다. 겁나 힘들다. 승리의 영광도 유한적이다. 언제든지 다른 게이머에게 뺏길 수 있다. 승리한 자, 승리를 위해 투쟁하는 자, 패배의 나락에 떨어진 자 모두 고통받는다. 모두 결과에 매여 있다.

무한 게임은 다르다. 무한 게임은 무한한 가능성을 품는다. 힘과 소유를 평가하지 않는다. 성공에 대한 정의도 세상에 존재하는 사람 수만큼 다양하다. 누구나 승리자가 될 수 있다.

삶은 결승선을 끊어야 하는 게임이 아니다. 모두가 동시에 같은 결승선을 향해 달려야 할 이유는 없다.[2] 출발점이 곧 도착점일 수도 있다.

"제발 명중이라는 말을 머리에서 지워버리세요!"[3]

---

[2] 안드레아 콜라메디치·마우라 간치타노 지음, 최보민 옮김, 『모든 삶은 빛난다』, 시프
[3] 오이겐 헤리겔 지음, 정창호 옮김, 『마음을 쏘다, 활』, 걷는책

활쏘기를 통해 선禪을 배운 철학자 오이겐 헤리겔은 발사가 잘못됐어도 불쾌해하지 않고, 발사가 잘됐어도 기뻐하지 않는다. 무슨 일을 할 때 무의식적으로 마음이 편안해지는지 스스로 이해[4]하는 자가 게임의 규칙을 지배한다는 깨달음 덕분이다.

무한 게임의 플레이어로서 나는 목표를 갖지 않는다. 나에게 주어진 삶이라는 '목적'을 향해 적절하고 알맞게 플레이한다.

아무리 근사해 보여도 나와 맞지 않는 게임의 규칙을 따르지 않는다. 권력을 의식하며 타인을 자기 뜻대로 다루는 사람들의 게임[5]에서 유유히 걸어 나온다. 이탈과 항의.[6] 아무리 불안한 세상이라 해도 맨 마지막 순간에 '이것만큼은 절대 굽힐 수 없어, 굽히지 않겠어'라는 마음[7]을 잃지 않는다.

오연傲然. 돈의 권력으로 나의 존엄을 윽박지르는 오만한 족속에게 '거만해 보일 정도로 담담함'을 지킨다.

---

4 가와무라 겐키 지음, 이인호 옮김, 『문과 출신입니다만』, 와이즈베리
5 마티아스 뇔케 지음, 이미옥 옮김, 『나를 소모하지 않는 현명한 태도에 관하여』, 퍼스트펭귄
6 앨버트 O. 허시먼 지음, 강명구 옮김, 『떠날 것인가, 남을 것인가』, 나무연필
7 사사키 아타루 지음, 안천 옮김, 『이 치열한 무력을』, 자음과모음

뚜벅뚜벅, 큰길을 걷는다.
나의 무한 게임이다.

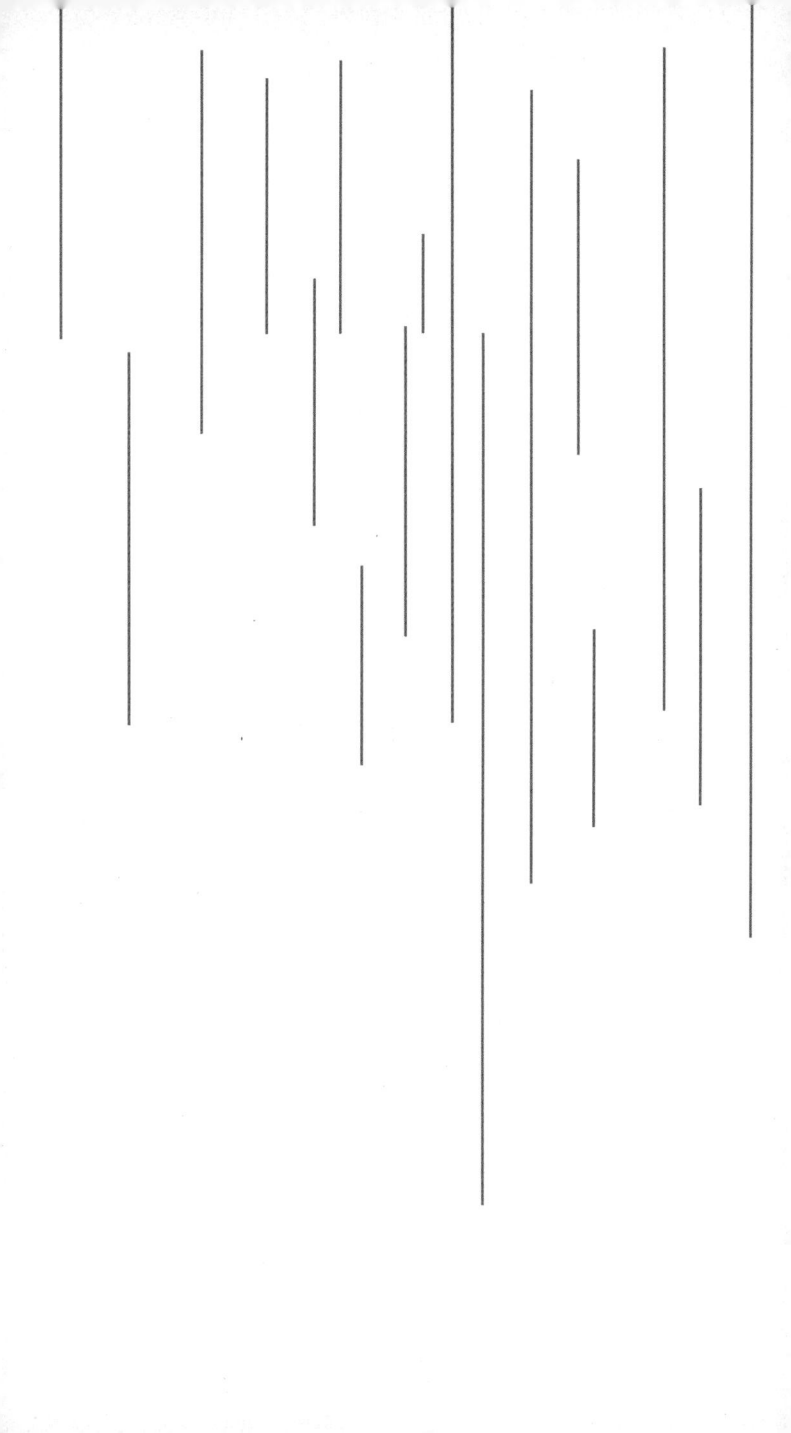

나는 옛날 사람

간소하질 때 완벽해진다,
어떤 목적도 바라지 마라.
내가 아닌 다른 것에
관심을 두거나 힘을 쏟지 마라.

나이가 들어서일까. 잠이 확 줄었다. '아침형 인간'과는 거리가 먼 내가 아침 5시면 눈이 떠진다.

처음 며칠은 '이러는 거 아냐~' 스스로 타이르며 이불을 파고들었다. 그다음 며칠은 전동차를 탄 야쿠르트 매니저에게 위와 간에 좋다는 음료를 사서 나무 아래 벤치에 우두커니 앉아 있었다.

그러다가 기왕 일어난 김에 일찍 하루를 여는 것도 낫겠다 싶어 스타벅스로 향하고 있다. 아침 일찍 문을 여는 고마운 공간. 오전에는 일하고, 오후에는 책을 읽고, 밤에는 운동하는 삶. 적고 나니 근사하다.

나는 옛날 사람. 어느 정도 시간이 지나면 괜히 눈치가 보여 주문을 추가한다. ('문 열 때부터 나타나는 아저씨가 오늘도 왔어'라고 친구에게 카톡을 보낼 것 같은) 바리스타에게 커피와 주전부리를 추가하면 식후 커피를 즐기려는 직장인이 우르르 몰려든다.

혼자 일하는 자가 자리를 양보할 시간. 다른 카페를 찾는다. 다시 책을 읽고 글을 쓴다. 하루가 저문다.

오늘도 스타벅스에 출석했다. 오늘은 김연수 데이! 내가 유난히 아끼는 산문집 『지지 않는다는 말』을 지인에게 선물하고 다시 샀다(김연수를 좋아한다면서 왜 없지?).

지금까지 스무 번은 넘게 읽은 것 같다. 그런데도 좋다. 밑줄을 긋는다. 지난번과 같은 밑줄, 새로 밑줄을 그으며 발견하는 문장. 글, 글, 글, 수많은 글. '인생을 선용하는 기술'은 살아가며 틈틈이 김연수의 글을 읽는 거라는 생각이 들 정도다.

나는 옛날 사람. ('그 아저씨가 또 왔어~'라고 친구에게 DM을 보낼 것 같은) 바리스타의 눈치가 보여 망고바나나를 추가하며 다음 책을 꺼낸다. 조지 쉬언이 쓰고 김연수가 번역한 『달리기와 존재하기』를 유달리 사랑하는데, 어느 신문에 '밖에서 뛰고 싶게 하는 책'에 선정되었길래 들고나왔다.

몸이 우리에게 말하는 소리에 귀를 기울여라, 이 순간이 전부다, 달릴 때면 다른 사람의 평가가 두렵지 않다, 각각의 몸은 그 사람이 어떤 사람인지를 말해준다, 달리더라도 러너는 서두르지 않는다, 경기에 참가하는 선수보다 구경꾼들이 승리에 더 집착한다, '부재중'일 수 있다는 건 진정한 자유다, 간소해질 때 완벽해진다, 버는 것보다 덜 쓸 때 간소한 삶이 시작된다, 필연적인 이유가 있을 때만 달려라, 어떤 목적도 바라지 말고 일하라, 내가 아닌 다른 것에 관심을 두거나 힘을 쏟을 시간이 없다······

좋은 글에는 좋은 음악이 따르는 법. 뮤지션 김뜻돌의 뮤직비디오를 감상하는데 알고리즘이 '검정치마'로 나를 이끈다. 이 자연스러움, 이 탁월함. 야쿠르트 매니저에게 산 위와 간에 좋은 음료는 없지만 읽기를 멈춘다. 얕은 말을 내뱉는다. 좋다.

때마침 비가 쏟아진다. 한 방울 한 방울 후드득 떨어지더니 앞이 보이지 않을 만큼 퍼붓는다. 신난다~ 주차장에 세워둔 차는 시원하게 씻기고, 나는 카페에 앉아 하염없이 비를 바라본다. 도무지 노래 부르기 싫은 듯한 조휴일의 목소리가 공명한다.

오, 지금 밟고 있는 땅이 꺼질 것만 같아~ You are my everything~ I wanna be with you~.

⟨Hollywood⟩, ⟨Everything⟩, 그리고 ⟨International Love Song⟩. 어쩔!

나의 친애하는 커피

매일 혼자 있는 시간에
무엇을 하는가.
시간과 돈을
어디에 사용하는가.

커피를 좋아한다. 특별한 이야기는 아니다. 이제 커피는 취향의 권좌에서 일상의 자리로 내려왔으니까.

아무튼 커피를 좋아한다. 오늘 첫 잔을 마시는 사람처럼 커피를 주문하는 설렘, 빈 잔을 놓고 빈둥거리는 여유. 커피는 나를 배려한다. 나는 커피를 추앙한다.

불교에는 '사시마지'가 있다. 사시巳時, 오전 9-11시 사이에 대웅전 법당의 부처님께 마지摩旨라고 하는 밥을 올리는 공양을 일컫는다.

어느 동양학자는 하루에 한 끼, 사시에 식사하는 부처님을 생각하며 그 시간에 차를 마신다고 한다. 생활의 발견! (불자는 아니지만) 이제 나는 모닝커피를 허투루 마시지 않는다. 심혈을 기울인다.

좋은 커피는 혀끝을 자극하고 세포를 깨운다. 어떤 카페는 커피 열매를 기계적으로 액체로 전환하는 데 만족한다. 그러나 훌륭한 카페는 커피의 존재론을 설파한다.

좋은 커피는 한 모금이 곧 호흡이다. 흙에서 자란 원료, 불과 물을 다루는 바리스타의 기예, 여느 카페와는 다른 애티튜드, 커피를 담은 잔, 조명과 음악의 어우러짐. 바리스타의 스토리텔링이 커피가 되는 곳.

좋은 동네는 좋은 카페가 있는 곳이다. 좋은 카페를 알고 있다면 당신은 행복하다. 그러니 너무 아등바등 살지 마라. 욕심부리지 마라.

나의 친애하는 커피

내가 사는 동네에는 스타벅스가 있다. 특별한 이야기는 아니다. 스타벅스는 세상에 뿌려져 있다. 그곳은 어디서나 공통의 경험을 제공한다(어디든 시끄럽다). 그곳의 커피는 원초성이 약화한 상태로 용해되어 컵에 담긴다. 사업자등록증을 가진 자로서 그곳의 일관성과 적절함에 탄복한다.

스타벅스는 익명성이다. 아무리 반복해서 찾아가도 ('아무래도 그 아저씨가 매일 올 것 같아~'라고 친구에게 카톡을 보내고 '투썸'으로 이직할 것 같은) 바리스타와 안면을 트지 않아도 된다. 내가 혼자여도 상관없는 곳, 내가 혼자여서 좋은 곳. 그렇게 도시 곳곳의 스타벅스에 틀어박힌다.

그러나 스타벅스는 나를 기쁘게 해주지 못한다. 지극히 보편적이어서 커피의 열락에 이르기엔 20퍼센트 부족하다. 게다가 '멸공'이라니, 에잇!

당연한 얘기지만 커피는 카페에서 마셔야 한다. 집에서, 사무실에서 커피를 내려도 되지만 풍미가 다르다. 커피는 역시 카페다.

나는 틈틈이 이름난 카페를 찾는다. 흙에서 자라 불과 물과 기압을 견디는 원두, 수없이 많은 커피를 내리고 버리기를 반복한 끝에 얻어낸 한 모금, 디지털 메커니즘과 프랜차이즈에 저항하는 액체. 기계적 시스템이 아닌 한 사람의 힘으로 내리는 커피, 매번 다르게 추출

되는 커피의 개별적인 아날로그를 포기할 수 없다.

커피를 기준으로 하루를 꾸리는 사람, 에스프레소 한 잔에 충실함을 담는 사람, 커피에 인생을 건 사람. 커피콩을 바라보는 시선부터 한 잔의 커피를 내놓기까지. 몸으로 커피를 내리는 커피 장인에게 카페는 예배당이요 커피는 제물이다. 경배할 수밖에, 순종할 수밖에.

하지만 세상은 요지경이다. 공간이 커피를 압도한다. 손대면 핫플이라는 '카페의 신'의 안수기도를 받은 창고형 카페, 조야한 전구를 두른 루프톱, 수천만 원에 달하는 머신, 오늘 입은 '신상'을 보정해주는 전신 거울, 커다란 선인장, 알록달록 디저트, 심지어 배 타고 들어가는 카페까지.

시대의 유행이 덕지덕지 붙어 있는 카페와 간격을 둔다. 그리고 홀로 기도한다.

오직 커피의 형식으로 지어진 카페를 허락하소서, 오로지 커피만으로 스타일을 이루는 카페를 내려주소서. 아멘!

커피는 검다? 아니다. 커피는 맑고 투명하다. 도쿄 '다이보 커피점'과 후쿠오카 '커피 비미'의 두 거장을 소개한 『커피집』을 묵독한다. 유리잔에 들어 있는 커피의 프리즘을 응시한다.

표현에 있어서 가장 중요한 것은 간절함[1]이라는 말

을 철석같이 믿는다. 우리가 어떤 인간인가 하는 것은 매일 혼자 있는 시간에 어떤 일을 하고, 어떤 것에 시간과 돈을 사용하는가[2]에서 드러난다.

음악을 좋아하면 음반을 모으고 음악에 관한 책을 읽고 콘서트를 찾는다. 미술을 좋아하면 미술관을 찾고 그림을 해설하는 책을 읽고 미술품을 수집한다. 영화를 좋아하면 극장에 가고 영화를 비평하는 책을 읽고 영화제를 방문한다. 그렇지 않다면 좋아하는 게 아니다. 개구라다.

커피를 좋아하면 카페에 가고 커피 책을 읽고 커피 도구를 수집한다. 커피를 좋아하는 사람이라면 이런 책 정도는 소장해야 한다고 우기고 싶다(음악을 좋아하면 북노마드 『음악의 기쁨』 시리즈를 소장하듯이 말이다. 히히!).

부끄럽게도 나는 커피를 알지 못한다. 그저 마실 뿐이다. 상관없다. 인생은 만져지지 않는 것을 만질 때 가치 있다. 돈으로 살 수 없는 것을 소비할 때 인생은 아름다워진다.

그러니 서둘러야 한다. 커피를 마실 시간이 점점 줄어들고 있다. 1998년 어린이날에 나온 '신화'의 〈으쌰!

---

[1] 시미즈 히로유키 지음, 『커피 내리며 듣는 음악』, 워크룸 프레스
[2] 마쓰나미 고도 지음, 최성호 옮김, 『백팔번뇌 이야기』, 바다출판사

으쌰!)는 이렇게 노래한다.

인생을 낭비하지 마세요!

걸어도 걸어도

단순하지 못한 이유는
생각보다 단순하다.
인생은 덜고 줄일 때
단순해진다.

어느 주말, 카페에서 『단순함의 법칙』이라는 책을 읽었다. 그래픽 디자이너이자 컴퓨터 과학자 존 마에다가 인생과 비즈니스와 디자인을 조붓하게 정리한 책이다.

'단순함'처럼 단순한 단어가 있을까. 생각을 말끔하게 정돈해주는 구절을 간직하려고 인스타그램을 열었다.

"세계는 언제나 무너지고 있어요. 그러니 긴장을 풀어요. 단순하게, 느긋하게. 주말의 법칙."

잠시 후, 댓글이 달렸다.

"단순함을 추구하지만, 늘 복잡함을 살고 있는 것 같아요."

댓글을 남길까 하다가…… 그냥 두었다. 흔적을 남기면 단순하지 않으니까. 진심이 담긴 '좋아요'만 받아들이기로 했다.

그런데 '추구追求'라는 단어가 마음에 걸렸다. 단순함을 '추구'해서 복잡해진 게 아닐까, 라는 생각이 머리를 떠나지 않았다.

추구란 목표를 이룰 때까지 뒤쫓아 구하는 것이다. 목표를 달성하면 뭐 하나. 다음 목표가 생겨난다. 추구하려는 마음조차 없이 추구해야 평상심[1]이 유지된다.

단순하지 못한 이유는 생각보다 단순하다. 인생은 덜고 줄일 때 단순해진다.

혹시 지금 답답한가. 어디론가 훌쩍 떠나고 싶은가. 아무도 나를 알아주지 않아서 외로운가. 걱정 근심에 괴로운가. 나보다 잘난 사람 때문에 우울한가. 사는 게 지루한가.

삶이 복잡하고 힘든 까닭은 누구 탓도 아니다. 가능성에 기대어 '잘 살아야지' 다짐하고 미끄러지는 내 '마음' 때문이다. 살아가며 반복되는 질문에 대한 해답은 오직 하나, '나' 때문이다. 인생에 불운한 일이 벌어지는 것은 '나'의 사용법을 몰라서다.[2]

아니, '나'는 애당초 존재하지 않는지도 모른다. '나'라고 여기고 느낄 뿐. 끊임없이 떠들어대는, 온갖 스토리텔링을 하는 경험 자아인 내 마음이 곧 진짜 나라고 믿는 착각에서 집착이 일어나고, 이 집착에서 두려움[3]이 생겨난다. 그 실체를 '철저히 보아야[正見]' 한다. 생각을 놓지 않으면 거기에서 빠져나올 수 없다.[4]

1인출판으로 생활의 규모를 줄이며 가장 잘한 일은

---

1 『설법하는 고양이와 부처가 된 로봇』
2 『시절일기』
3 김주환 지음, 『내면소통』, 인플루엔셜
4 현각 엮음, 허문명 옮김, 『선의 나침반 1』, 열림원

나를 닦달하고 괴롭히는 마음을 해고[5]하고, 그 자리에 몸을 고용한 결정이었다.

아침 해가 뜨면 몸을 살핀다. 몸의 소리를 듣는다. 몸이 놀라고 하면 하루를 작파하고, 몸이 일하라고 하면 놀지 않는다.

어떤 날은 삼시세끼, 어떤 날은 하루 한 끼. 어떤 날은 조밀하게, 어떤 날은 희미하게. 몸의 명령에 순종한다. 나를 지배하는 자아가 과도해지면 신발 끈을 조인다. 몸이 풀어진다. 마음이 가벼워진다.

단순함을 추구하지만 복잡함을 벗어나지 못해 고민하는 팔로워에게 몸을 움직이자고 채근하고 싶다. 하루하루, 목적도 목표도 없이, 몸의 능력에 맞는 거리를 걷자고 등을 떠밀고 싶다.

애써 부지런하지 않아도 된다. 일찍 일어난 새는 일찍 일어난 벌레를 잡으면 되고, 늦게 일어난 새는 늦게 일어난 벌레를 잡으면 된다. 애써 빨리, 오래 달리지 않아도 된다. 실현되지 않은 계획에, 이루지 못한 목표에, 실패한 관계에 절망하지 말 것.[6]

길에서 보내는 매시간은 언제나 새로운 시작[7]이다.

---

5 김연수 지음, 『정견』, 터득골
6 카밀라 팡 지음, 김보은 옮김, 『자신의 존재에 대해 사과하지 말 것』, 푸른숲

정해진 시간에 정해진 거리를 느슨하게 걷는 일을 반복하면 자아自我는 축소되고 자기自己는 충실해질 것이다.

니체가 옳다.
삶의 생성적 주체는 자아가 아니라 신체다.

---

7 조지 쉬언 지음, 김연수 옮김, 『달리기와 존재하기』, 한문화

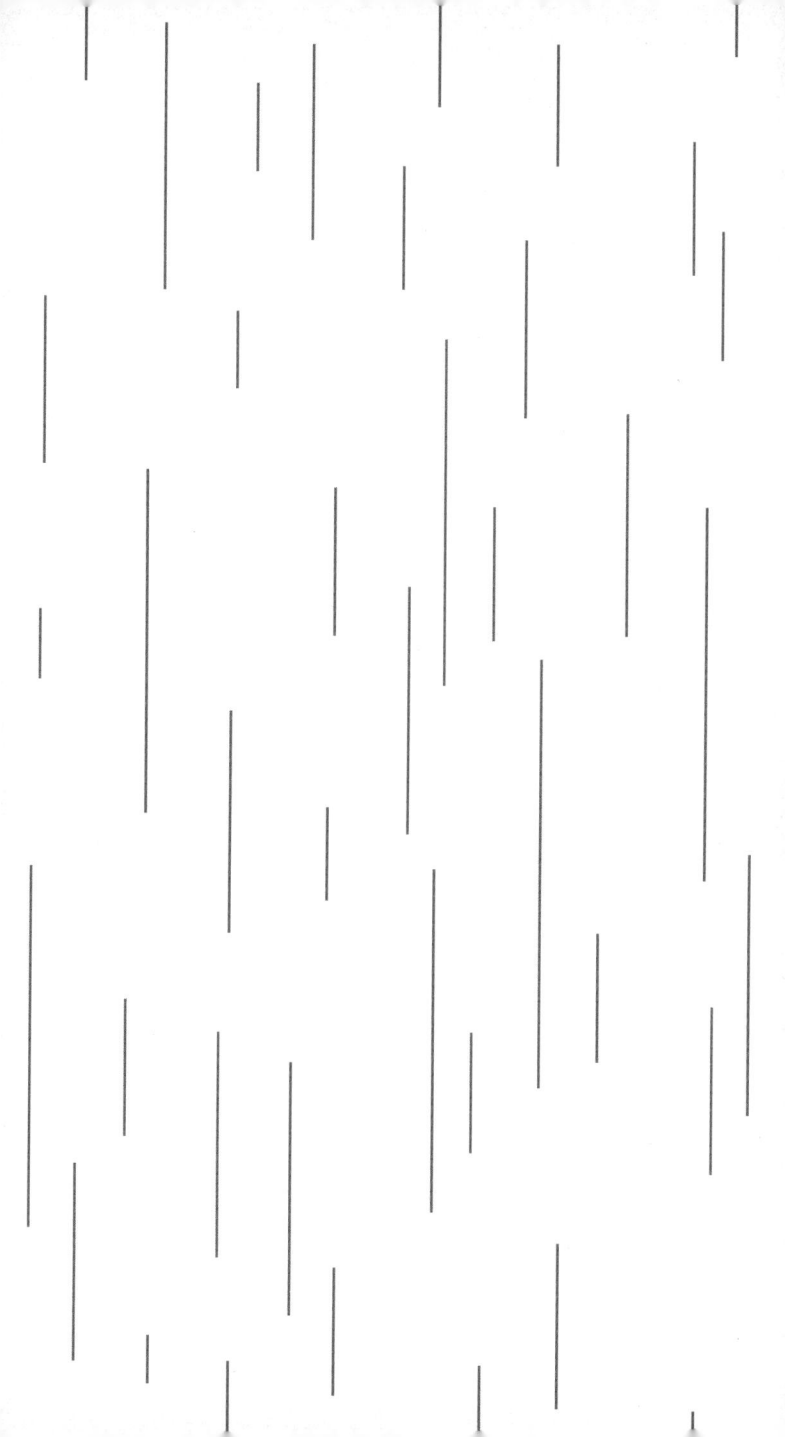

옹졸하고 소심하고 냉철하게

생활의 반경을 좀처럼 양보하지 않는
옹졸한 사람.
삶의 반경을 좀처럼 벗어나지 않는
소심한 사람.
다른 사람의 삶에는 관심을 두지 않는
냉철한 사람.

나는 서울 남서쪽에 산다. 1988년에 지어진 아파트 현관을 열면 (한강이면 좋겠지만) 안양천이 흐른다. 그래도 사계절마다 다르게 반짝인다.

창문 밖에는 30년 넘은 수목이 울창하다. 계절은 나무로부터 찾아온다. 파릇파릇 돋아나고 초록초록 무성하다. 알록달록 물들고 마지막 잎새를 떨군다. 밤에는 베란다 밖으로 달이 기울고 찬다. 음력의 순환을 가늠한다.

집을 나선다. 강을 따라 걷는다. 바람이 스치고 물 냄새가 피어난다. 관官에서 조성한 - 제발 좀 내버려두세요! - 인공적인 풍경이 거슬리지만, 트인 하늘을 바라보며 아쉬움을 달랜다.

인간이 손댈 수 없는 무한궤도. 동서고금 남녀노소 빈부격차를 구별하지 않는 공활함. 지구의 스크린을 눈으로 어루만진다.

나는 수다쟁이다. 마음에 맞는 사람과 커피를 놓고 대화를 즐긴다. 대신 평소에는 '씨스타'다. 나 혼자 책을 읽고, 나 혼자 밥을 먹고, 나 혼자 길을 걷고~ '좋아서, 혼자서'다.

문득 이런 생각이 든다. 과연 혼자일까? 혼자 걸어도 거리는 사람들로 붐빈다. 혼자 지하철이나 버스를 타도 무선 이어폰을 낀 승객들이 빼곡하다. 덜컹거리는 버스가 싫어서 택시를 타면 높은 데시벨로 라디오가 울린다. 혼자 커피를 마셔도 카페에는 무선 이어폰을 낀 사람들이 그득하다. 혼자 책을 두리번거려도 서점에는 사람들로 넘쳐난다. 혼자 운동해도 헬스장에는 무선 이어폰을 낀 사람들이 땀을 흘린다.

어쩔 수 없이 사람들과 관계를 맺는 세상에서 '나는 홀로'는 쉽지 않다. 그렇다고 힘들 때마다 '나는 절로' 갈 수도 없다.

뜻대로 되지 않는 세상살이에 저항하는 사람, 사람에게 과도한 기대를 부여하고 채워지지 않으면 짜증내는 사람, 과거의 실패와 상처에서 벗어나지 못한 사람, 아직 다가오지 않은 미래를 전전긍긍 걱정하는 사람, 다른 사람에 끌려다니느라 목소리 한 번 내지 못하는 사람, 모든 문제를 남 탓으로 돌리는 사람, 작은 일을 과장하거나 반대로 작은 일에 쉽게 영향받는 사람, 자신의 본모습을 사랑하지 않고 남의 것에 집착하는 사람, '착한 사람'에서 벗어나지 못하고 속으로 곯는 사람, 지금도 충분한데 완전해져야 한다며 안달복달하는 사람, 사소한 이유로 늘 화가 나 있는 사람, 자신이 울타리가 되어주지 못하고 늘 남에게 의존하는 사람, 부득불 다른 사람의 자존심을 건드려 자신을 돋보이려는 사람, 영원히 살 것처럼 가진 것을 쥐고 놓지 않는 사람, 자기 자신조차 바꾸지 못하면서 다른 사람을 바꾸겠다는 사람, 받기만 하고 다른 사람에게 베풀 줄 모르는 사람.

휴~ 적고 나니 부끄럽다. 모조리 내 얘기다. 자신과 외부의 관계를 살피며 바깥을 향해 생각하고 행동[1]하는 것이 이다지도 힘들단 말인가.

별수 없다. 이래저래 혼자가 좋다. 나는 옹졸하고 소심하고 냉철하게 살고 싶다. 생활의 반경을 좀처럼 양보하지 않는 옹졸한 사람, 삶의 반경을 좀처럼 벗어나지 않는 소심한 사람, 다른 사람의 삶에는 관심을 두지 않는 냉철한 사람으로 살고 싶다.

영국의 시인 워즈워스는 생활은 조심스럽게, 생각은 고급스럽게 plain living, high thinking[2]를 다짐했다. 소설가 김연수는 삶은 고급 예술[3]이라고 품평했다. 시인 이병률은 시간은 럭셔리하게 사용해야 한다[4]는 명품 문장을 새겼다. 시대의 지성 이어령은 스토리가 럭셔리한 인생을 만든다[5]는 말을 남겼다.

나는 퀄리티 있는 나날을 보내고 싶다. 나무 아래 앉아서 바람에 몸을 맡기는 하루, 강을 따라 이어진 길을

---

1 무라카미 류 지음, 유병선 옮김, 『무취미의 권유』, 부키
2 시게마츠 소이쿠 지음, 유진우 옮김, 『모모도 선禪을 말하다』, 스타북스
3 김연수 지음, 『지지 않는다는 말』, 마음의숲
4 이병률 지음, 『바람이 분다 당신이 좋다』, 달
5 김지수 지음, 『이어령의 마지막 수업』, 열림원

잠자코 걷는 하루, 지나간 시간을 후회하지 않는 하루, 앞으로 주어진 시간을 염려하지 않는 하루.
  오늘도 걷는다. 느릿느릿, 천천히. 해 질 무렵 빛이 붉어질 때까지.

  천장지구天長地久.
  하늘과 땅은 변하지 않는다.

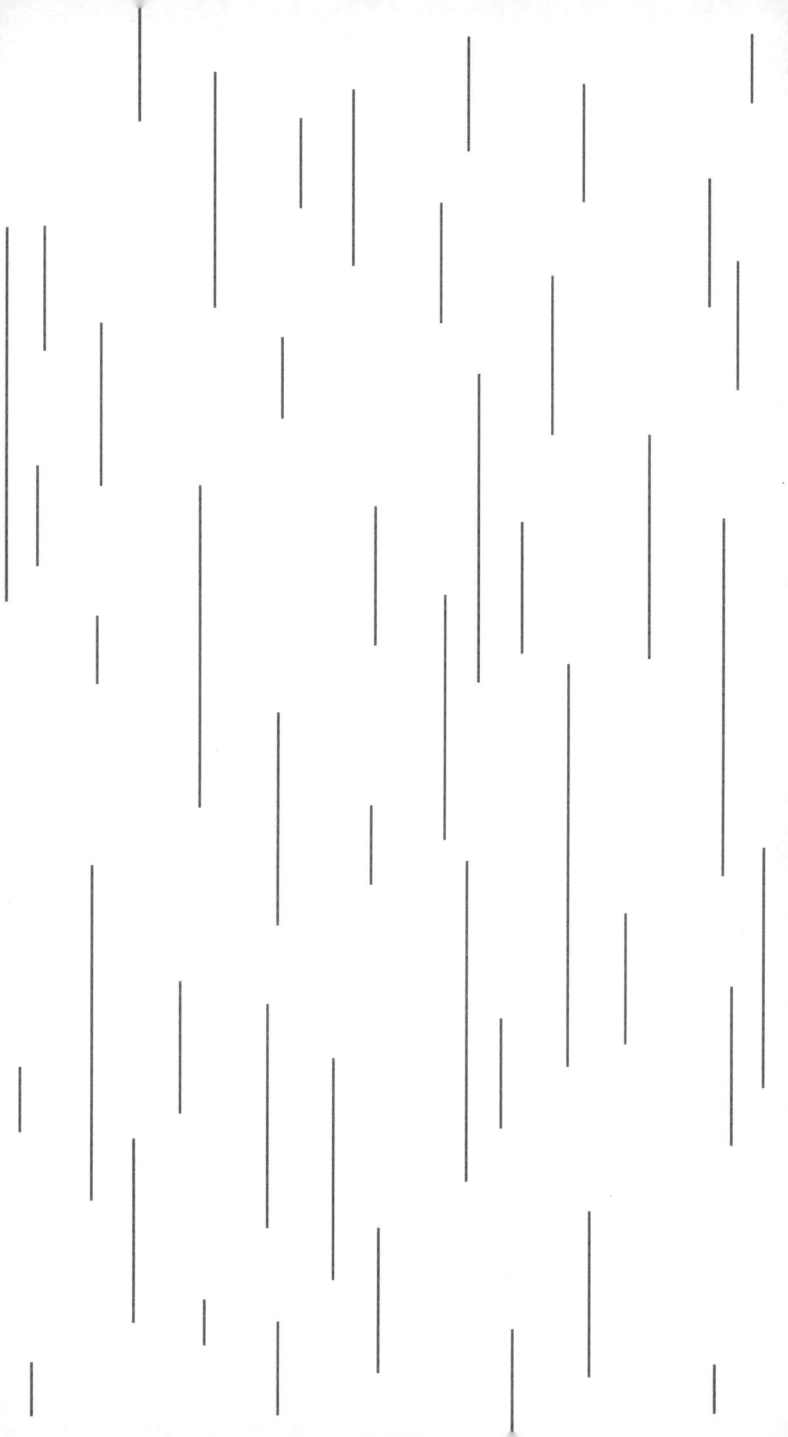

2부

나는 자유인이다

자유는 '자유롭다'고 생각하는 데서 나온다.
생각은 외부로부터 주어지지 않는다.
내가 생각하는 것이다.

낀 세대여서일까.

책을 읽고 글을 쓰며 소일하는 신세이지만 가끔 여러 세대와 고민을 나누게 된다. 비즈니스를 완성한 윗세대와 그들을 꺼리는 아랫세대를 연결하는 역할이 부여된다. 점잖게 말하면 '협업'이고, 툭 까놓고 말하면 어정쩡한 세대를 활용하려는 속내를 엿볼 수 있다.

초대박 베스트셀러를 펴내고 강원도 산자락에서 북카페를 운영하는 출판 선배의 '인생 2막'이 궁금해 무작정 찾아뵈었다. 1인회계사 죽마고우가 따라나섰다. 1인출판사는 운전하고, 1인회계사는 더덕구이 정식을 책임졌다. 만나면 좋은 친구, MBC 같은 친구다.

숲속에 고여 있는 서점과 카페는 보기에 참 좋았다. 책 농사를 짓는 동지애일까. 선배는 여러 이야기를 들려주었는데, 아이러니하게도 귀농과 귀촌과 은퇴와 자연과 안빈낙도 같은 단어는 한 움큼도 꺼내지 않았다.

오히려 선배는 '연결'을 강조했다. 속세에서 떨어진 만큼 느슨한 연결과 작은 커뮤니티가 필요하다는 충고를 아끼지 않았다. 어려운 시기에 힘이 되어준다는 것을 다른 말로 표현하면 세상과의 관계가 변화하는 과정을 시간을 들여 그 사람과 함께한다[1]는 내가 만든 책

---

1 『느슨하게 철학하기』

의 한 구절이 떠올랐다. 돌아오는 길에 디저트까지 사준 MBC 같은 친구의 얼굴을 물끄러미 바라보았다.

강원도에서 돌아온 다음 날, 유달리 나를 아끼는 선배 출판인이 온라인으로 대화를 청했다. 그는 SNS와 유튜브의 유용함과 무용함을 토로했다. 거침없이 잘나가는 곳을 따르자니 비용이 눈에 밟히고, (누군가의 논문처럼) 그대로 'Yuji(유지)'하자니 매출로 이어지지 않아서 고민이라고 했다.

나라고 별수 있으랴. 이럴 때는 경청이 해답이다. 그런데도 내 생각을 묻는다면 소설가 김연수의 '달리기론'으로 갈음하련다.

> 달리기를 통해서 내가 깨닫게 된 일들은
> 수없이 많다. 뛰어볼까 하는 생각이 드는
> 바로 그 순간이 달리기를 하기에는 제일 좋은
> 때다. 아무리 천천히 뛴다고 해도 빨리 걷는
> 것보다는 천천히 뛰는 편이 더 빠르다.[2]

선배와 카톡 대화를 나누며 미팅 장소에 도착했다. 콘텐츠 기획을 의뢰한 기술 플랫폼과 첫인사를 나누는

---

2 『지지 않는다는 말』

자리. 30대 기획자와 '일의 감각'을 주고받았다. 서로를 배려하는 대화 가운데 갑과 을이 또렷해졌다.

나는 '을'이 해야 할 목표와 방식과 기대치를 '갑'에게 점검받았다. 누군가 '좋은 갑이 있나요?'라고 물어오면 일의 끝이 보일 무렵, 처음 제시했던 목표와 방식과 기대 결과의 책임을 을에게 떠넘기지 않는 갑이라고 말하고 싶다.

이날의 갑은 준수했다. 적어도 을의 질문에 얼버무리지 않았다. 일은 오래, 길게, 멀리 인내해야 하지만 커뮤니케이션은 직진해야 한다. 그래야 오래, 길게, 멀리 일할 수 있다.

사람을 만나는 일은 노동이다(정말이다). 쉬이 지친다. 알코올을 투여해야 한다. 사계절이 바뀌는 사이 좀처럼 보지 못했던 후배 편집자가 "오늘은 자기가 쏘는 날"이라며 생선회와 하이볼을 대접했다.

정작 우리의 대화는 회처럼 깔끔하지도 하이볼처럼 청량하지도 않았다. 이것도 무의미 저것도 무의미, 후배는 살아가는 일의 답답함을 토로했다.

이럴 때는 "2차는 내 몫"이라고 자리를 이동해야 한다. 그런데도 후배가 대답을 청한다면 김연수의 '달리기론'을 다시 꺼낼 수밖에. 세상에 의미 있는 일 따위는 없다고, 그 무의미한 일을 '반복'할 때 넉넉함이 주어진다고 에둘러 말하는 수밖에.

달리기가 끝나고 난 뒤 자신의 그 선택이
옳았다는 걸 확인할 때, 그렇게 매일 그 일을
반복할 때, 세세한 부분까지 삶을 만끽하려는
이 넉넉한 활수의 상태가 생기는 것이다.[3]

  기술기업에서 일하는 30대 기획자와 일의 무용함을 토로한 40대 편집자는 가급적 일하지 않는 나를 부러워했다.

  잉? 내가 유유자적해 보이는 까닭은 물질이 풍부해서가 아니다. 나는 출판계의 히딩크다. 아직도 배가 고프다. 심지어 1인출판사다. 그런데도 그렇게 비친 까닭은 조금이나마 자유로워 보여서일 테다.

  자유는 어디에서 나올까. 풍족한 돈으로부터? 아니올시다. '자유롭다'고 생각하는 데서 나온다. 생각은 외부로부터 주어지지 않는다. 내가 생각하는 것이다.

  아리스토텔레스는 '정의로운' 사람이 되려면 '정의로운' 일을 행해야 하고, '절제 있는' 사람이 되려면 '절제 있는' 일을 행해야 하고, '용감한' 사람이 되려면 '용감한' 일을 행해야 한다고 말했다. 어떻게 생각하느냐에 달려 있다.

---

3 『지지 않는다는 말』

1인출판사라고 해서 소규모일 필요는 없다. 기획의 지평은 무궁무진하다. 편의상 갑과 을로 나누었을 뿐 그런 도식은 존재하지 않는다. 갑이라 생각하고 을이라 여겨서다. 장기하가 읊조린다. 그건 네 생각이고~ 돈을 생각하니 돈에 갇히고, 일을 생각하니 일의 바깥을 누리지 못하는 것이다.

우리는 왜 일하는가. 여가를 즐기기 위해서[4]다.

여가는 쉬고 노는 시간이 아니다. 나는 누구인가, 어떤 가능성이 남았는지 진심을 쏟아 따져 묻는 시간이다. 세계의 본질과 돌아가는 사정을 이해할 수 있는 시간[5]이다. 시간의 잉여, 남는 시간의 자유로움을 포기해서는 안 된다.

일을 시작하는 자를 만나고, 일을 잘해보겠다는 자를 만나고, 일의 무의미함을 토로하는 자를 만나고, 일에서 벗어난 자로 살아가며 알게 되었다.

인생은 달리기와 같음을, 흘러가는 시간 속에 달리기를 멈춰서는 안 된다는 사실을, 삶의 진위는 오직 '달려본' 자만 확인할 수 있음을.

---

[4] 알렉산더 폰 쇤부르크 지음, 김인순 옮김, 『폰 쇤부르크 씨의 우아하게 가난해지는 법』, 필로소픽
[5] 『달리기와 존재하기』

인생의 각각의 순간은 모두 즐거우리라.
달리기의 출발점도, 중간 코스도, 그리고
결승선을 통과하는 순간도.[6]

---

6 『지지 않는다는 말』

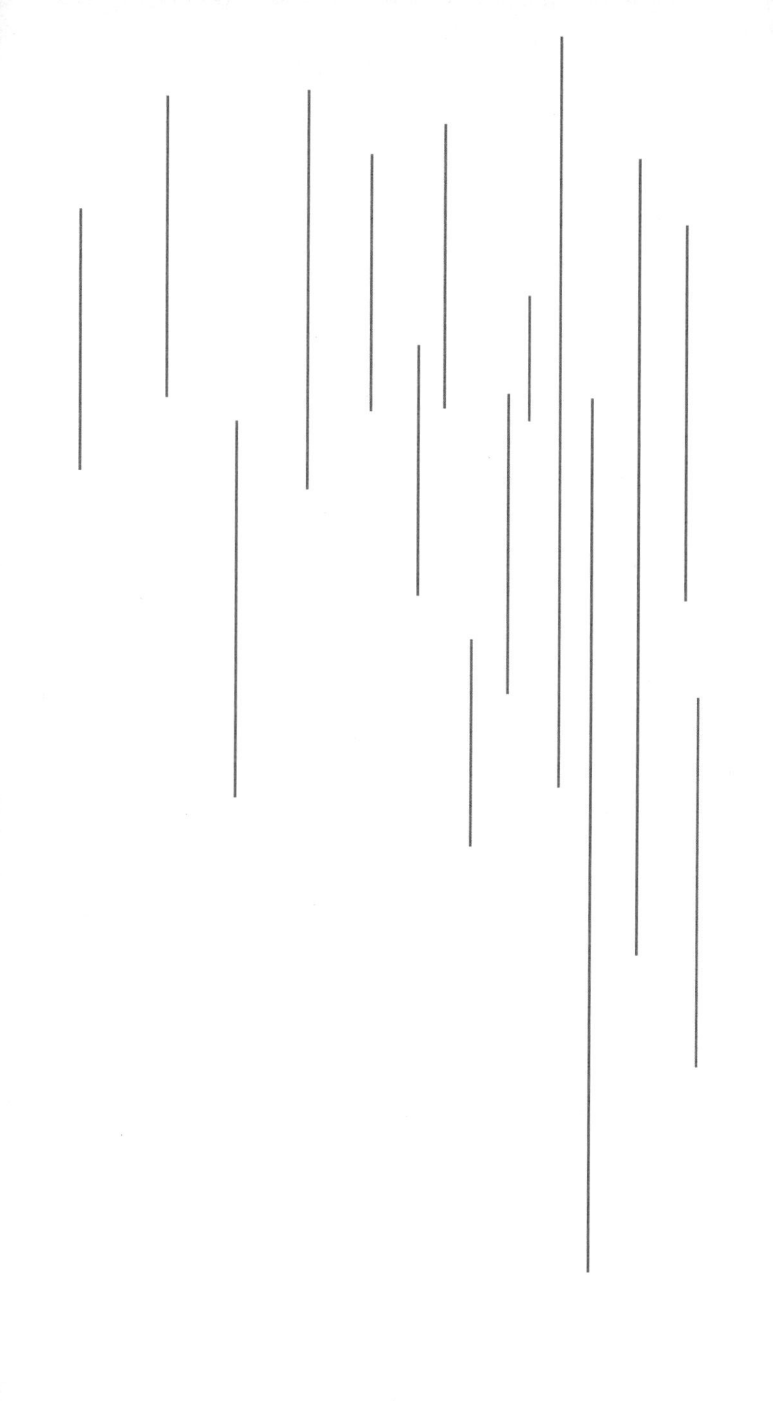

어디에 살고 있나요?

물질주의에 빠지지 않으면서도
생활의 불편을 최소화하는 지혜.
풍경에 흠집을 내지 않는,
나의 필요에 적합한 규모로 이루어진 공간.

'좋아하는 곳에 살고 있나요?'라고 묻는 책이 있다. 서점을 찾을 때마다 들었다가 다시 놓는 책이다.

겉과 속이 모두 마음에 들지만 왜 사지 못하는 걸까. '좋아하는 곳에 살고 있나요?'라는 질문에 또렷이 대답하지 못해서일 것이다.

누구나 살고 싶은 집을 꿈꾼다.

요즘엔 유명인의 '나 혼자 산다'를 관찰하거나 일반인의 집을 구해주는 예능 프로그램 덕분에 타인의 집을 구경하는 재미가 쏠쏠하다. 어떤 집은 '넘사벽'이어서 마음이 저릿해지고, 어떤 집은 '판타지'여서 마음이 쫄깃해진다.

나는 어떤 집에 살고 싶을까.

평생을 도시인으로 살아왔으니 깊은 산속 '자연인'이 사는 황토집이나 통나무집은 무리다. 인적 드문 계곡은 비라도 추적추적 내리는 날 〈추적 60분〉을 제대로 못 볼 것 같다. 오싹하다.

산이 연이어져 있고 강이 흐르고 바다에 접해 있는 마을은 어떨까. 조금만 걸으면 바다가 나오는 한적한 곳. (그런 곳이 있을까마는) 사람들에게 관광지로 알려지지 않은, 그리하여 미스(터) 트롯이 솜씨를 뽐내는 축제 따위 열리지 않는 곳이면 좋겠다.

굳이 지을 필요는 없다.

집을 짓는 게 얼마나 어려운 일인지 익히 보아왔다.

누군가 정성 들여 짓고, 적지 않은 시간 동안 정붙이고 살아온 반드러운 오두막을 일정 기간 빌리련다.

그 집에 작은 소망을 얹는다.

책을 만드는 자니 작업실이 있어야겠지. 작은 서점도 붙여야겠다. 먹고 자고 씻는 작은 방이 딸려 있어야 할 테고, 자그마한 마당이 있으면 더할 나위 없겠다.

그 집에 살던 주인장이 잎이 무성한 나무 한 그루쯤 미리 심어놓으면 좋겠다. 퇴계의 얼이 담겨 있는 도산 서원에 심어진 회양목 같은, 위압감은 없지만 난잡함을 거부하는 품격, 청아하고 평안한 그런 품격[1]이면 바랄 게 없겠다.

이따금 하늘을 날아 동네를 지나는 새를 부르고, 캠핑 의자를 두고 오후를 식혀야겠다. 담 아래 무심하게 들꽃이 피면 한 움큼 꺾어 테이블에 두고 인스타그램에 '서점 문을 열었습니다' 인사를 건네야겠다.

방은 미니멀하게!

음악을 듣는 도구와 몇 권의 책, 검박한 다기茶器 세트, 노트북이 전부인 공간. 다락이 있다면 무인양품 수납장에 속옷과 양말을 넣는다. 주방은 심플한 바bar로 대신한다. 무엇을 먹든지 '한 그릇' 요리로 번잡함을 던다.

---

[1] 고다 아야 지음, 차주연 옮김, 『나무』, 책사람집

물질주의에 빠지지 않으면서도 생활의 불편을 최소화하는 지혜. 풍경에 흠집을 내지 않는, 나의 필요에 적합한 규모로 이루어진[2] 공간. 그곳에서의 삶이 참 즐거워서 좀처럼 집 밖으로 나가지 않는 나날을 일구고 싶다.

조선의 실학자 성호 이익의 조카인 혜환 이용휴는 도성 안에서 외지고 조용한 곳을 택해 몇 칸짜리 작은 집을 짓고 방 안에 거문고와 책과 술동이와 바둑판만 놓고 살고 싶다[3]고 소망했다.

소박하고 간결하고 검소하게 자신과 마주한 삶. 간소함과 한적함의 미감이었다. 자고로 집이 소박하면 사람도 소박해지는[4] 법이다.

집에 관한 이야기는 그 집에 사는 사람에 관한 이야기라는 말이 있다. 온갖 감정과 여러 행동이 모두 남들을 따라만 하고 스스로 주인이 되지 못할 때 내가 사는 거처만이라도 내 것이 되어야[5] 한다는 당부이리라.

'좋아하는 곳에 살고 있나요?'라는 질문은 '나는 누구

---

2 에두아르 코르테스 지음, 변진경 옮김, 『나의 친애하는 숲』, 북노마드
3 이용휴 지음, 박동욱·송혁기 옮김, 『나를 찾아가는 길』, 돌베개
4 조용헌 지음, 『조용헌의 백가기행』, 디자인하우스
5 『나를 찾아가는 길』

인가?'라는 물음이다. 이 글을 퇴고하는 지금까지도 나는 그 책을 읽지 않았다.

여전히 나를 알지 못하나 보다.
오호통재라!

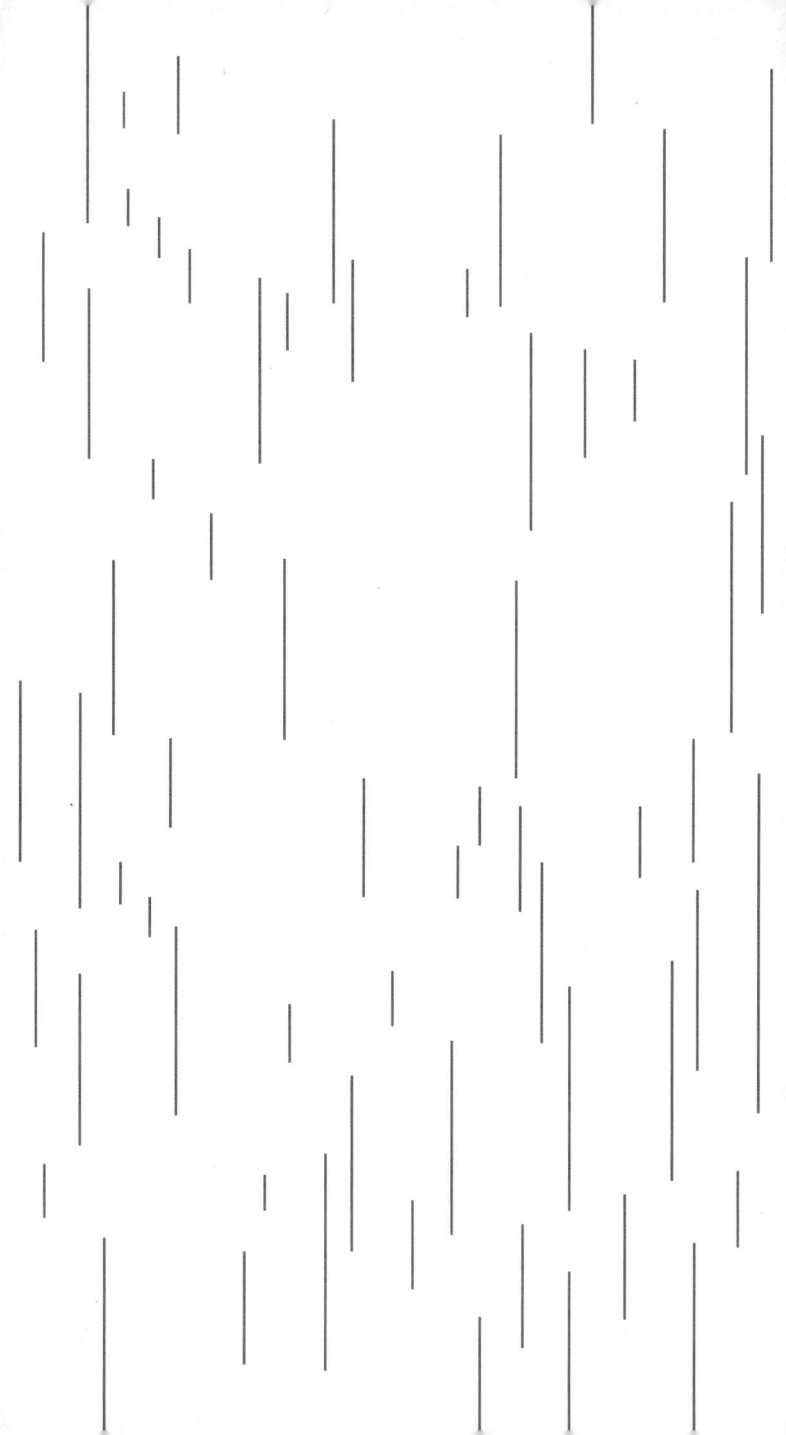

이서진의 타력

오르는 길이 다르니 풍경이 다르다.
좋은 길과 나쁜 길이 동시에 닥친다.
그러나 봉우리에 이르렀을 때
두 개의 길은 없어진다.
눈앞에 펼쳐진 풍경은 같다.

이서진을 좋아한다.

그는 배우다. 출중한 연기력을 자랑하지는 않는다. 한석규나 김명민 같은 연기파 이미지는 아니다. 그렇다고 연기가 부족하지도 않다. 적당하다. "아프냐? 나도 아프다"(드라마 〈다모〉)로 충분하다. 인생은 한 방이다.

이서진은 예능인이다. 빼어난 예능감을 선보이지는 않는다. 개그계에서 잔뼈가 굵은 예능인의 이미지는 없다. 그렇다고 예능감이 어색하지도 않다. 적절하다. 충분히 채널을 지배한다. 〈삼시세끼 어촌편 5〉에서 차승원과 유해진은 입을 모아 말한다. "밉지 않아!"

열과 성을 다하지 않는데도 밉지 않다니. 탁월하다. 나영석 프로듀서의 페르소나는 아무나 하는 게 아니다.

이서진은 스타일리시하다. 현빈이나 원빈 스타일은 아니다. 나이도 오십을 훌쩍 넘겼다. 그런데도 근사하다. 그는 태態가 좋다. (변우석, 차은우, 남주혁보다는 작지만) 178센티미터의 신장도 준수하다. 부럽다. 〈꽃보다 할배 리턴즈〉에서 멘 프라다 백팩과 〈금요일 금요일 밤에 이서진의 뉴욕뉴욕〉에서 입은 프라다 재킷도 잘 소화한다. 탐난다.

이서진의 존재감은 DNA다. 〈꽃보다 할배〉에서는 '미대 형'으로, 〈삼시세끼〉에서는 '도련님'으로 불렸다. 알다시피 집안이 출중하다. "중학교 때 미국 와서 잔 호텔이 여기야!"(〈이서진의 뉴욕뉴욕〉)라고 말할 수 있

이서진의 타력 **167**

는 1971년생 한국 남자는 흔치 않다. 뉴욕대학 경영학과는 어떤가. 〈윤식당〉 상무, 아이슬란드 곰탕집 사장(서진이네 2)은 그냥 나오지 않았다.

이서진의 결정적인 매력은 '대충대충'에 있다. 그는 치밀하게 준비하거나 격정적으로 노력하지 않는다. 안 되는 건 '안 돼'라고 자르고, 못 하는 건 '못 해'라고 툴툴거린다. 그러면서도 할 일은 한다. 순풍이 불면 앞으로 나아가고 역풍이 불면 저항하지 않는다. '내 소관이 아니다'라는 타력他力의 기운이 느껴진다.

타력은 '타력본원他力本願'을 말한다. 남이 하는 대로 내맡긴다는 뜻이다. 반대말은 자력自力, 혼자 힘으로 사는 것이다.

얼핏 들으면 자력이 타력보다 책임감 있어 보인다. 아니다. 타력본원은 무책임이 아니다. 살아가고 생활하는 인간이 의지해야 하는 힘이다. 우리가 무의식적으로 추구해야 할 삶의 원리이자 에너지[1]다.

물론 무턱대고 타력을 들먹이며 주어진 책임을 망각해서는 안 된다. 자천우지 길무불리自天祐之 吉无不利, 스스로 도울 때 타력의 도움을 얻을 수 있다.

---

[1] 이츠키 히로유키 지음, 채숙향 옮김, 『타력』, 지식여행

유교와 불교와 도교에 두루 해박했던 중국의 석학 남회근은 '자천우지'의 천天은 자신의 노력에 감응한 모든 타력[2]이라고 가르쳤다. '스스로 도울 때 하늘도 돕는다'라는 말이 여기에서 나왔다.

지혜로운 자는 자력과 타력을 포용한다. 스스로 일어서기 위해 노력하고, 결과는 하늘에 맡긴다. 노력하되 '내 소관이 아니다'라는 섭리를 따른다. 내 힘으로 이기려고 하지 않는다.

이서진의 매력은 여기에 있다. 배우로 살아가는데 나영석 프로듀서가 '예능'을 하잔다. 이서진은 망설였(을 테)다. 고민 끝에 결정의 기준을 '바깥'에 두었(을 테)다. 자신을 찾아온 '흐름'에 내맡겼(을 테)다. 결과는 우리가 본 그대로다.

잘한 일이다. 방송 섭외는 배우나 예능인의 소관이 아니다. 내가 하겠다고 해서 출연할 수 없다. 나는 배우인데, 나는 예능감이 없는데, 심지어 이순재·신구·박근형·백일섭·김용건…… 대배우를 모시고 유럽 여행을 다녀와야 한다고? 부정하면 될 일도 안 된다.

맡겨야 한다. 우주와 자연과 세상은 인간 소관이 아니다. 저절로[自] 그렇게 되는[然] 것이다.

---

2 남회근 지음, 신원봉 옮김, 『주역계사 강의』, 부키

자력과 타력이라는 두 길은 같은 산을 한쪽은 오른쪽에서, 한쪽은 왼쪽에서 오르는 것[3]과 같다. 오르는 길이 다르니 풍경이 다르다. 좋은 길이 펼쳐지나 싶더니 나쁜 길이 닥친다. 그러나 봉우리에 이르렀을 때 두 개의 길은 없어지고 하나의 정상으로 연결[4]된다. 눈앞에 펼쳐진 풍경은 결국 같다.

이서진이 타력의 원리를 깨우쳤는지 나는 모른다. 상관없다. 내 소관이 아니니까. '어떻게 찾아온 기회인데'라고 사력을 다하는 사람들 사이에서 '적절하고 적당하게' 노력하는 그의 태도가 마음에 포개질 뿐이다. 시종일관 결의하고 애쓰지 않아도 세상의 사랑을 받는 모습이 보기 좋을 뿐이다.

타력은 바람과 같다. 타력의 바람이 불지 않으면 인생은 생각대로 풀리지 않는다. 그렇다고 바람이 불어오기만을 기다린 채 손을 놓고 있어서도 안 된다. 마음을 편히 가지되 마음을 놓아서는[방심, 放心] 안 된다.

하늘을 살피며 바람이 불어오기를 기다려야 한다. 바람이 부는 줄 모르고 졸고 있다가는 최적의 타이밍을 놓친다. 나룻배의 돛을 내리는 일은 '스스로' 해야 한다.

오로지 자기 힘으로 아등바등하는 사람들을 볼 때마

---

3 야나기 무네요시 지음, 김호성 옮김, 『나무아미타불』, 모과나무
4 『나무아미타불』

다 불어오는 바람을 생각한다.

바람이 불지 않으면 기다리면 된다.
바람이 불면 배를 띄우면 된다.

시절 인연

나는 늘 관계를 구조 조정한다.
미루지도, 밀어두지도 않는다.
몇 안 되는 장점이다.
인품이 부족하여 정리해고를 당하기도 한다.
치명적인 단점이다.

오랫동안 뮤지컬과 드라마를 오가고 있는 배우 안재욱은 한때 가수로 활동했다. 손지창, 김민종, 차태현도 배우와 가수를 능숙하게 병행한 '그 시절'의 엔터테이너였다.

올드 보이 가운데서도 나는 차태현을 유독 좋아한다. 이유는 하나, 그의 히트곡 〈I love you〉가 나 같은 보통 남자도 노래방에서 너끈히 소화할 수 있어서다. 사-랑-해-요~ 차태현!

무대로 나간다. 전주가 흐른다. 고개를 숙인다. 반주가 웅장해진다. 양팔을 크게 벌려 날갯짓한다. 첫 소절을 내뱉는다.

"후회해~ 내 사랑을~ 널 믿은 바보 같은 나를~ 이제 나 널 보내야 하는 준비를 해야 하잖아~"

침울한 표정을 짓는다.

"왜 떠나려고 하니~ 내가 뭘 잘못한~ 거니 내 마지막 사랑은 바로 너인데~"

드디어 나의 페이보릿 대목. 슬픔을 감춘다.

"(스타카토처럼 끊어서) 너 / 를 / 위해 돌아서는 게

시절 인연 173

아냐~ (분노하듯이) 이미 넌 그에게 갔잖아~"

포인트 안무를 곁들인다. 강수지의 〈보랏빛 향기〉처럼 ― 다음 책에서는 기필코 'NJZ'나 '아이브'를 인용하리라 ― 양손을 하복부에 대고 골반을 들썩인다. 떠나간 연인에게 앙탈을 부린다.

"내 사랑~ 내 상처~ 너에겐~ 중요하지 않잖아~"

더는 나를 중요하게 생각하지 않는 사람, 미워! 하이라이트에서 감정이 고꾸라진다. 오른손을 올려 머리를 감는 '샴푸 춤'을 곁들이며 마지막 고백을 남긴다.

"내게 잊으란 말하지 마~ I love you 네 모습 지워질 때까지~ 그와 행복한 네 모습을 가~끔 보여주겠니."

노래는 끝나지 않는다. 소인에겐 열두 척의…… 아니 2절이 남아 있사옵니다. 간주가 장엄하게 울린다(누군가 끊지 않도록 미리 리모컨을 챙긴다). '새[鳥] 춤'으로 슬픔을 삭인다. 날갯짓을 멈추지 않는다. 훠이훠이~

안재욱에게도 히트곡이 있었다. 〈친구〉라는 노래다. 나이 들어가는 친구들과 술잔을 기울이고 어깨동무하며 부르기 딱 좋은 노래다. 물론 나는 기겁한다('나의 마지노선은 차태현이다'라는 자부심이 있다).

 "괜스레 힘든 날 턱없이 전화해 말없이 울어도 오래 들어주던" 친구를 멀리한다. "고맙고 미안한 마음"도 없다. "세상에 꺾일 때면 술 한 잔 기울이며 이제 곧 우리의 날들이 온다고" 믿는 친구에게 그런 건 없다며 술을 따른다.

 덕분에(?) 친구가 별로 없다. 늙어가고 낡아가는 추억이 후줄근해질 때마다 정신을 다림질한다.

 과거는 기억의 선택 작용에 의해 명료함이 있는 반면 현재의 나날은 도대체가 갈피를 잡을 수 없게 불분명[1]하지만, 나는 불분명한 현재에 베팅하고 싶다. 과한 추억에 허우적거리고 싶지 않다.

 그래서 나는 늘 관계를 구조 조정한다. 미루지도, 밀어두지도 않는다. 몇 안 되는 장점이다. 인품이 부족하여 정리해고를 당하기도 한다. 치명적인 단점이다.

 어쩌랴. 사람과 사람 사이의 간격은 나를 위한 최선이자 상대방을 위한 배려다. 인생은 제행무상諸行無常, 세상은 만물유전萬物流轉이다. 세상 모든 행위는 늘 변하여 한 가지 모습으로 정해지지 않는다. 모든 존재는 시간에 따라 끊임없이 변한다. 아무리 애를 쓰고 막아

---

[1] 김갑수 지음, 『어떻게 미치지 않을 수 있겠니?』, 오픈하우스

보려 하는데도 목소리가 들리고, 아무리 애를 쓰고 들어보려 하는데도 목소리가 들리지 않을 수도 있다. '밀도'와 '원근'에 따라 '거리'를 조정해야 한다.

시절 인연時節因緣, 때가 되어야 인연이 합해진다.

영원한 건 절대 없어. 결국엔 다 변했지. 아무도 없어 다 의미 없어.

삐딱하게. '지디(G-DRAGON)'는 천재다.

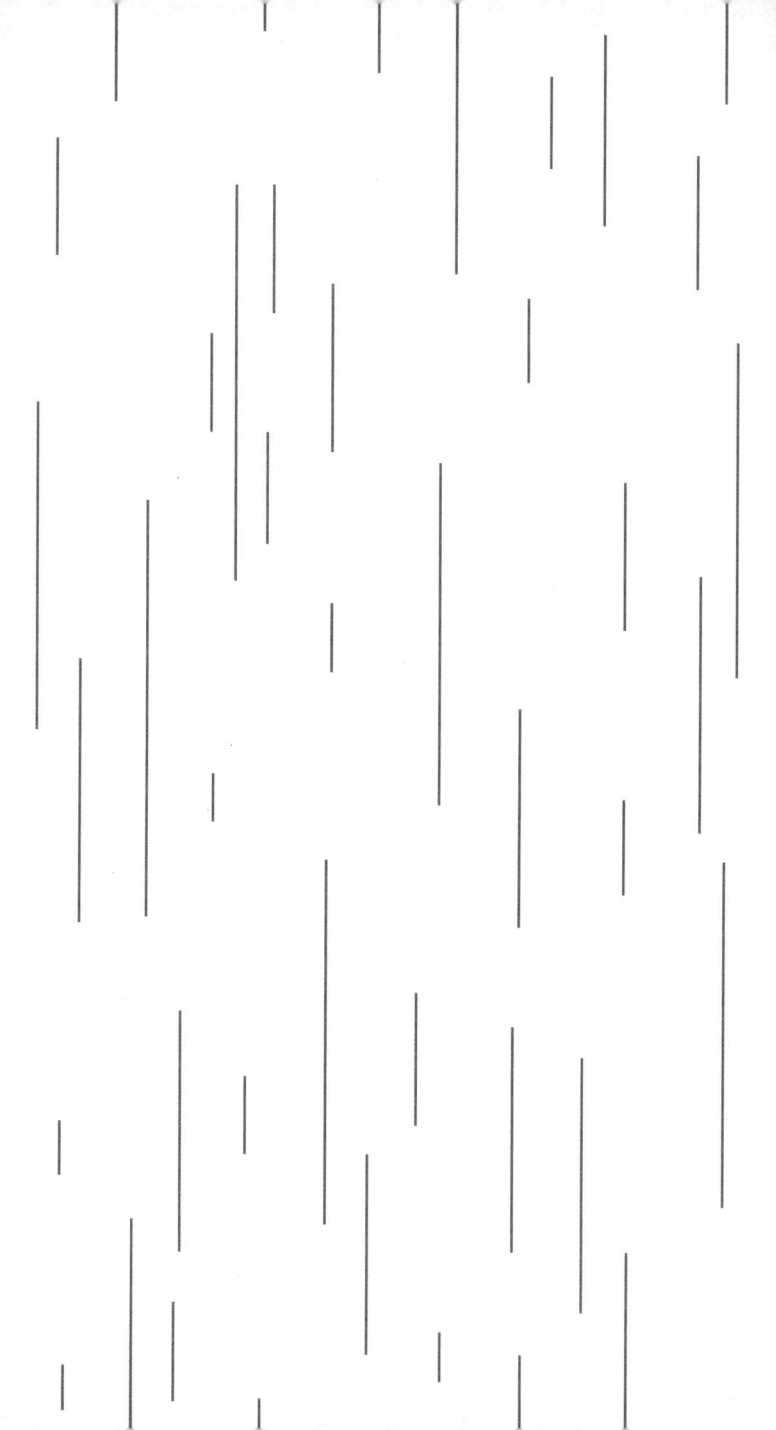

스피노자의 1미터

나를 조절할 수 있는 범위,
나에게 자유를 안겨주는 최소한의 간격.
인생은 팔이 닿는
1미터 안에서 이루어진다.

『1미터 개인의 간격』이라는 책이 있다.

'철학을 하는 목적은 자유인이 되는 것이다'라는 스피노자의 신념을 원전 삼아 '개인을 어떻게 지킬 것인가?'를 묻고 답한다.

나다운 범위를 지키고, 그 안에서 행복하고, 그 결과 타인과 공존할 수 있는 기준은 반경 '1미터'라는 단어에 밑줄을 긋는다. 또렷한 기준이다.

인간은 관계 맺기에 힘쓴다. 폼생폼사, 젊은 날에는 폼form에 목숨을 걸더니 차츰차츰 나이가 들며 관생관사關生關死, 관계에 살고 관계에 죽는다. 사람 때문에 웃고 사람 때문에 운다. 그때마다 행복은 널을 뛴다. 관계의 조울증이다.

행복이라는 절대 명제에 토를 달고 싶지는 않다. 그렇다고 행복을 목표 삼아 인간관계에 각고의 노력을 기울이는 모습은…… 좀 그렇다.

행복은 나를 중심으로 반경 1미터 안에 있다. 그까짓 1미터? 만만해 보인다. 우리는 1미터 안의 행복에 자족하지 못하고 자꾸만 밖으로 나간다. 1미터 바깥의 닿지 않는 행복을 움켜쥐려고 발버둥 친다. 스스로 자발적인 행위자로 여기고, 스스로 자유롭다고 믿는 질병[1]에

---

1 『자유』

시달린다. 자율도 병이고, 자유도 병이다.

나를 조절할 수 있는 범위, 나에게 자유를 안겨주는 최소한의 간격. 인생은 팔이 닿는 1미터 안에서 이루어진다는 스피노자의 해법을 소개하는 홍대선 작가를 만나고 싶지만…… 후다닥 바람을 내려놓는다. 그건 1미터 바깥의 영역이니까.

본격적으로 스피노자 이야기.

1656년 7월 27일, 네덜란드 연방공화국 암스테르담의 유대인 공회당 시나고그Synagogue에 한 남자가 서 있었다. 바뤼흐 스피노자.

1632년 11월 24일에 태어난, 당시 스물셋의 청년에게 포르투갈-유대인 공동체는 세상의 모든 저주를 내렸다.

가증한 이단, 가증한 행동, 가증한 생각. 낮에도 밤에도 누워 있을 때도 서 있을 때도 갈 때도 올 때도 저주를 받을 것. 누구도 그에 대해 말할 수 없고, 글을 쓸 수 없고, 호의를 베풀 수 없으며, 그가 쓴 글을 읽어서는 안 된다는 주문이 줄줄이 이어졌다. 파문破門!

스피노자는 담담했다. 민족과 공동체로부터 추방당하는 것도, 유대인 공동체를 이끄는 랍비의 권위를 버리는 것도, 경제적으로 윤택한 상인의 길을 포기하는 것도 개의치 않았다. 당연히 회개하지 않았다. 돈(회유), 격리(협박), 암살 시도(공포)도 그를 흔들지 못했다.

스피노자는 모든 상속을 거부했다. '축복받은 자'라는 유대인 이름 바뤼흐Baruch도 라틴어 '베네딕투스'로 바꾸었다.

스피노자는 누구에게도 신세를 한탄하지 않았다. 억울해하지도 분노하지도 않았다. 자신을 버리고 부잣집 도련님과 결혼한 여자친구도 원망하지 않았다. 그녀는 자기 인생을 선택한 것뿐! 스피노자는 자신에게 열려 있는 길을 기쁜 마음으로 들어가겠노라고 담담히 다짐했다.

스피노자는 종교적인 훈련을 받은 시간을 후회하지 않았다. 그렇다고 근시안적 관점에 빠져 광신자로 살고 싶지는 않았다.

종교란 무엇인가. 정신과 물질은 하나다. 신과 실재는 하나다. 신은 곧 자연이다. 가장 작은 것과 가장 큰 것, 우리를 둘러싼 모든 것이 신 안에 존재하는 '같은' 것이다. 선과 악은 관점에 달린 문제일 뿐 실질적으로 존재하지 않는다.

스피노자는 지식의 최종 형태를 통해 자연의 본질을 깨달았다. 인간의 목적과 기준과 선호를 객관적인 우주에 투사하지 않았다. 신에 대한 지적知的인 사랑! 그 깨달음 앞에서 돈과 사랑과 감각은 철저히 무용無用했으리라.

라인강의 조그만 마을 레인스뷔르흐의 하숙집 골방에 처박혀 렌즈를 깎으며 책을 읽고 글을 쓴 철저한 금욕주의자. 스피노자에겐 속세에서 물러나 금욕적으로 고독하게 살아간 전설[2]이 내려온다.

실제로 그는 자신의 서재에서 좀처럼 나오지 않았다. 낮에는 렌즈를 깎고, 새벽까지 책을 읽고 글을 썼다. 스스로 일하며 의식주를 감당했다. 부익부 빈익빈. 자본주의의 구조적 문제를 모른 척하지 않았다.

그러나 '금욕'이라는 단어는 명저 『에티카』를 관통하는 '삶의 긍정'과 통하지 않는다. 스피노자는 좋은 음식과 술을 음미했다. 가끔 파이프 담배를 즐기고, 향수를 뿌리고, 푸르른 초목을 가꾸고, 옷치장을 하고, 음악을 감상하고, 연극을 관람했다. 다른 사람에게 피해를 주지 않는 간격 안에서 일상의 즐거움을 소중히 여겼다.

삶을 향유할 것, 철학의 목적이었다.

(감히 스피노자에 비하는 불경을 범한다면) 나도 맛있는 음식을 적당히 먹고, 음식과 궁합이 맞는 술 한 잔 곁들이고[飯酒], 향수를 뿌려 아저씨 냄새를 없애고, 바람이 잠든 숲속을 거닐고, 어수룩하게 입지 않으려 하고, LP로 음악을 감상하고, 좋은 전시를 찾는다. 책을

---

2 피에르-프랑수아 모로 지음, 김은주·김문수 옮김, 『스피노자 매뉴얼』, 에디토리얼

읽고, 글을 쓴다.

스피노자는 커뮤니케이션의 시작과 끝이었다. 친구, 제자, 서신 교환자들의 네트워크 한가운데[3]에 자리했다. 스피노자는 편지를 주고받았다. 사람, 장소, 환대. 철학적 대화를 나누기 위해 찾아오는 손님을 반갑게 맞이했다. 요즘으로 치면 카톡과 이메일을 주고받고, 소셜 미디어로 소통하고, 뉴스레터를 발행하고, 소규모 커뮤니티를 꾸린 셈이다.

(다시 한번 스피노자를 인용해 파문당할 짓을 범한다면) 나도 소셜 미디어로 잔망미를 드러내고, 철 따라 여행을 떠나고, 소규모 모임을 만들어 철학과 미술을 나눈다. 적고 나니 행복한 삶이다.

하지만 세상은 스피노자를 받아들이지 않았다. 세상과 스피노자의 간격은 이승과 저승만큼 멀었다. 스피노자는 개의치 않았다. 자신만의 삶의 원칙을 읽고, 쓰고, 묻고, 답했다.

(1) 세상 만물은 자연법칙에 따라 존재한다.
(2) 모든 것은 자신의 존재를 유지하려고 노력한다. 그 노력이 실제 본질이다.

---

3 『스피노자 매뉴얼』

(3) 인간의 가장 기본적인 본질은 '의지=욕망'이다. 생존에 필요한 것이 본능을 결정하고, 본능이 욕망을 결정하며, 욕망이 사고와 행동을 결정하며, 행복이 행동을 결정한다.

(4) 그러니 소망도 두려움도 비참함도 공포도 가질 필요가 없다.

(5) 나는 인간들의 행위에 웃거나 울지 않으며 증오하지 않는다. 다만 이해하려고 노력할 뿐이다. 그러니 다른 사람의 유익을 위해 자신을 희생하지 마라.

(6) 행복은 내가 만드는 것이다. 행복은 내가 발견하는 것이다.

(7) 삶을 긍정하라.

스피노자에게도 한때 1미터 바깥을 헤맨 시절이 있었다. 암스테르담의 부유한 유대인 상인 가문에서 태어나 시장에서 돈을 벌기 위해 여기저기 뛰어다녔다.

어느 날 '다른' 세계와 맞닥뜨렸다. 착해지는 길이 아니라 '행복'해지는 법.

스피노자는 과거의 세계를 버렸다. 목표를 향한 열정과 감정을 배제한 자만이 입성할 수 있는 1미터로 숨어들었다. 내가 유지하고 싶은 나의 권리와 존엄을 철저히 사수했다. 현대적 '개인'의 발명이었다.

1675년, 스피노자가 마흔둘에 『에티카』를 완성했을

때 암스테르담에는 세계에서 가장 큰 시나고그가 들어섰다.

철학사에서 '가장 개인다운 개인'이었던 자유인에게 시나고그는 어떻게 비쳤을까. 아무리 높고 커다랗고 화려하고 육중한 성전을 지어도 신에겐 아무 의미가 없다고 조용히 읊조리지 않았을까.

몰락은 패배이지만 몰락의 선택은 패배가 아니다.[4]
스피노자의 '에티카'다.

---

4 신형철 지음, 『몰락의 에티카』, 문학동네

일인칭 단수

사회가 원하는 '나'를 의심하기.
집단의 명령에 순종하지 않기.
개인이 만드는 최소한의 관계성을 고민하기.
한 명의 독립된 개인으로 살아가기.

'현대 일본 최후의 사상가'로 불리는 후지타 쇼조는 신뢰하는 마음으로 읽을 수 있는 일본의 지식인이다. 일본의 식민 지배에 대한 통렬한 역사 인식이 바다 건너 우리와 궤를 같이한다. 반갑고, 고맙다.

어부지리漁夫之利. 후지타는 일본의 정체성을 '두 사람이 맞붙어 싸우는 바람에 엉뚱한 제3자가 덕을 본다'는 말로 갈음한다. 세계대전, 한국전쟁, 미국과 소련의 냉전…… 일본은 이웃의 불행을 밑천 삼아 돈벌이하고, 강대국의 이해관계를 자국의 이익으로 전환하는 데 탁월한 능력을 선보였다.

2014년에 우리말로 옮겨진 『전체주의 시대 경험』에서 그는 1989년 베를린 장벽이 무너지고 냉전이 끝난 후에도 일본의 지위를 '미국 다음'으로 여기는 자국의 허세를 안타까워한다.

다행이었을까. 1980년대 거품 경제가 꺼지고 일본은 장기불황에 시달렸다. 불안했을까. 일본은 계속해서 오른쪽으로 나아갔다. 불안의 결과는 우익이었다.

후지타의 역사 인식은 인간의 독립을 존중하는 것이 본래의 독립 정신[1]이라는 데서 정점에 달한다.

타인의 독립과 다른 사회의 독립을 존중하지 않는

---

1 후지타 쇼조 지음, 이홍락 옮김, 『전체주의의 시대경험』, 창비

나라. 후지타는 일본에 주체적이고 독립적인 개인들이 모인 공동체가 존재하지 않음을 안타까워한다. 과거를 반성하지 않는 국가주의에 종속된 개인들의 집단이 일본의 '서브스턴스'라고 털어놓는다. 통렬하다.

"이미 오래전에 이 나라 일본의 근대화는 끝났다."[2]

일본의 소설가 무라카미 류는 더 전위적이다.
전쟁과 침략. 오랫동안 일본은 철저한 남성 우위 사회였다. 연령이나 사회적 지위를 중시하는 권위주의 사회였다.
그러나 근대화라는 국가적인 대목표를 달성하자 국가는 존재 이유를 상실했다. 좋은 대학, 좋은 회사를 위해 인생을 탕진한 '아저씨'들이 존경받지 않는 나라가 되었다. 소설가에게 주는 '아쿠타가와상'이나 대중음악가에게 주는 '일본 레코드 대상'이 핫하지 않은 사회가 되었다.
류는 단언한다. 드디어 '개인'의 시대가 시작되었다고, 그러나 일본은 그 사실을 철저히 숨기고 있다고.
개인의 시대는 어떤 풍경일까. 특별하지 않다. '좋아

---

2 무라카미 류 지음, 한성례 옮김, 『자살보다 섹스』, 자음과모음

하다'라는 지극히 슴슴한 단어로 채색된다.

류는 앞으로의 시대는 좋아하는 일을 하면서 그 방면의 전문가가 되는 사람이 이끌 것[3]이라고 확신한다. 밤을 새워도 피곤하지 않은 일을 가진 사람과 그렇지 않은 사람으로 나뉠 것이라고 증언한다.

『자살보다 섹스』는 일본에서 2003년에 출간되었다. 나는 한국어로 옮겨진 책을 2014년 4월 12일에 읽었다. 얼추 10년 간격이다.

그 시간의 간격이 우연은 아닌 듯하다. 내가 나를 생각하는 자유, 내가 나로 살아가는 자율.

그 사이, 우리 역시 사회가 원하는 '나'를 의심하게 되었다. 국가적인 규모, 기업의 강요, 전통이라는 이름으로 내려온 집단의 명령에 순종하지 않게 되었다. 궁극의 개인이 만드는 최소한의 관계성을 고민하게 되었다. 인생의 최종 목표는 어떻게 한 명의 독립된 개인[4]으로서 살아가느냐에 달려 있음을 알게 되었다.

후지타의 객관적인 세계관을 통해, 류의 탐미적인 언어를 통해 일본의 겉과 속을 들여다보노라면 새삼 무라카미 하루키의 문학이 대단하다는 생각이 절로 든다.

---

3 『자살보다 섹스』
4 마루야마 슌이치 지음, 송제나 옮김, 『개인주의자의 철학 수업』, 지와인

제2차 세계대전 패전으로 성인의 강한 남성성을 상실한 후 문화를 다시 시작하기 위한 근거지로서의 소년5(『해변의 카프카』)에서부터 "나는 지금 여기 있다. 여기 이렇게, 일인칭 단수의 나로서 실재"6하기까지.

'하루키 월드' 속 '나'의 평범한 일상, 내가 맺는 인간관계, 비현실적인 환상의 통로, 그렇게 만들어지는 '나'의 미스터리한 세계관이 일본 영토에서 쉽사리 나오기 힘든 이질적인 사건임을 절감한다.

무라카미 류, 무라카미 하루키.

어느덧 '더블 무라카미'가 문학적 주제로 삼았던 '팝적인 현대일본'은 '외톨이'들의 의사소통7으로 바뀌었다. 일본 문학은 철저히 '개인적'이길 요구받는 시대로 흘렀다. 과거에는 치료해야 할 질병으로 여겨졌던 노스텔지어는 지금-여기에서 도피8할 것을 촉구하는 당연한 정서가 되었다.

19세기 러시아의 이반 투르게네프는 『아버지와 아

---

5 『나선형 상상력』
6 무라카미 하루키 지음, 홍은주 옮김, 『일인칭 단수』, 문학동네
7 하토오카 게이타 지음, 유재진·남유민 옮김, 『라이트노벨 속의 현대일본』, 역락
8 『라이트노벨 속의 현대일본』

들』에서 '새로운 인간'을 선포했다.

그는 '어떤 권유에도 종속되지 않는' 사람이었다.

저공비행, 높게 날지 않아도 됩니다

문학이 아니어야 문학이 되고,
음악이 아니어야 음악이 되고,
미술이 아니어야 미술이 되고,
디자인이 아니어야 디자인이 되고,
건축이 아니어야 건축이 되는 시대.
'적절한' 높이에서 '적당한' 속도로 날아야 한다.

우리에게 무인양품 아트 디렉터로 알려진 일본의 디자이너 하라 켄야는 영상과 사진과 글로 자기가 소개하고 싶은 장소를 방문하는 '저공비행High Resolution Tour' 프로젝트를 진행하고 있다.

저공비행의 핵심은 '관광'이다.

디자인과 관광? 얼핏 연결되지 않는다. 하라 켄야는 본업이 아닌 활동에 미래가 잠들어 있다는 확신, 당장은 도움이 안 될 것 같아도 몸을 던져 하는 행위에는 일의 본질이 숨어 있다[1]는 믿음으로 매달 일본의 숨은 곳을 여행한다.

하라 켄야의 '낮게 날기'는 동아시아 세 나라(한국, 일본, 중국)를 경유한다. 그는 세 나라의 미래를 과거에서 찾는다. 오래된 미래! 세계는 미래를 향한 혁신으로만 움직이지 않는다. 과거로부터 이어진 풍토와 전통이 서로 다른 문화와 접속하고 섞이는 데서 미래의 비전을 설계해야 한다.

알다시피 세 나라는 역사적으로 부침을 겪었다. 아직도 앙금이 가시지 않았다.

이제는 달라져야 한다. 서로 경쟁하면서 목표를 향해 달린 세 나라를 '경합'[2]의 가치로 바라보고, 예전

---

1 하라 켄야 지음, 서하나 옮김, 『저공비행』, 안그라픽스
2 나가오카 겐메이 지음, 이정환 옮김, 『디자이너 생각 위를 걷다』,

부터 이미 존재했던 것을 새롭다고 느끼며3, 비전을 숫자가 아닌 '감각'으로 판단4해야 한다. 어센티서티 authenticity, 과거부터 꾸준히 지켜오고 미래에서도 빛을 잃지 않는 가치5로 달라진 시대를 재구성해야 한다.

과거의 관광은 중앙 관료와 지방자치단체와 기업의 짝짜꿍이었다. 그들은 양적 성과에 몰두했다. 패키지식 과잉 관광(over-tourism)이었다.

하라 켄야는 다른 관광을 꿈꾼다. 과거와 미래, 글로벌과 로컬, 경제적 숫자와 문화적 가치의 간격을 가늠하는 전문가가 '편집'하는 관광을 상상한다.

편집! 일본의 마쓰오카 세이고는 편집은 인간 활동에 잠재된 가장 기본적인 정보 기술로 어디에서나 어떻게든 시작된다6고 정리하고 구성한다. 정보 편집의 역사는 다양한 민족, 지역, 국가, 시대, 풍속에 따라 다르게 변해왔다고7 돌아본다.

안그라픽스
3 나가오카 겐메이 지음, 이정환 옮김, 『디자이너 함께하며 걷다』, 안그라픽스
4 나가오카 겐메이 지음, 서하나 옮김, 『디자이너 마음으로 걷다』, 안그라픽스
5 『저공비행』
6 마츠오카 세이고 지음, 박광순 옮김, 『지(知)의 편집공학』, 지식의 숲

하라 켄야는 '관광'이라는 편집적 세계관으로 시대와 문화를 재구성한다. 그에게 편집이란 검소하고 소박한 것에 멋이 있다고 느끼는 마음(와비佗び)이자, 자연과 인위의 대치와 균형이 이루어지는 정원을 청소하는 행위이자, 사회와 세계의 접점을 연속적이고 다각적으로 창출하는 관광이다.

하라 켄야는 관광의 미래를 '호텔'에서 찾는다. 그에게 호텔이란 단순한 이동 거점으로서 하룻밤을 묵는 공간이 아니다. 환경이나 풍토의 잠재된 '가치'를 음미하고 시설과 건축을 통해 확실하게 드러내는 '장치'[8]다. 주변 경치를 소셜 미디어에 올리는 용도로 훔치지 않는 호텔, 풍토와 문화의 가치를 소중히 여기는 호텔, 그곳에 머물기 위해 여행을 떠나게 만드는 호텔을 상상하고 구상한다.

관광과 호텔에 관한 새로운 편집은 '낫 어 호텔NOT A HOTEL'이라는 프로젝트에서도 읽을 수 있다.

코로나 팬데믹으로 관광과 숙박이 초유의 위기를 맞이한 2020년 4월, 온라인 상거래와 마케팅과 물류 서비스를 통합한 기술기업 '아라타나'의 창업자로 유명한 하마우즈 신지는 조금은 다른 호텔을 고안한다.

---

7 마츠오카 세이고 지음, 변은숙 옮김, 『지식의 편집』, 이학사
8 『저공비행』

(1) 관광지가 아닐 것
(2) 창조적 예술가가 디자인할 것
(3) 고객에게 숙박권을 미리 판매하고 호텔을 지을 것
(4) 여러 사람이 공동으로 소유할 것

사용자는 건물과 콘텐츠와 운영 계획을 살피고 마음에 드는 객실을 구매하거나 연 단위로 묵는 소유권을 구매한다. 1년 동안 자신이 묵는 일수를 기준으로 가격을 책정한다.

숙박 일수를 채우지 못하면 손해 보지 않을까요? 남은 일수를 다른 고객에게 임대하여 수익을 창출하는 방식으로 고객의 의문을 해결한다. 저렴한 금액으로 하루 단위로 숙박할 수 있는 '멤버십 NFT'도 신박하다.

패키지식 과잉 관광에서 로컬 전문가가 편집하는 새로운 관광, 그리고 '모든 곳에 내 집이 있다'는 역발상. '저공비행' 프로젝트와 '낫 어 호텔'은 관광이 아니어야 관광이 되고, 호텔이 아니어야 호텔이 되는 시대를 예감케 한다.

알다시피 하라 켄야를 대표하는 결과물은 『디자인의 디자인』이다. 기존의 디자인과 확연히 다른 생각의 차이 속에서 디자인의 본질을 발견하기, 시대의 변화에 따라 세상의 적정한 장소에 '재배치'하기, 너무 좋지도 나쁘지도 않은 이것만으로 충분한[9] 디자인. 디자인에

'대한meta' 디자인을 정리한 한 권의 책으로 그는 '디자이너의 디자이너'가 되었다.

문학이 아니어야 문학이 되고, 음악이 아니어야 음악이 되고, 미술이 아니어야 미술이 되고, 디자인이 아니어야 디자인이 되고, 건축이 아니어야 건축이 되는 시대다.

문학에 대한 문학, 음악에 대한 음악, 미술에 대한 미술, 디자인에 대한 디자인, 건축에 대한 건축…… 같음과 다름의 파도가 동시에 굽이치는 시대는 너무 높이 날아서도 안 되고, 너무 깊숙이 침잠해서도 안 된다. '적절한' 높이에서 '적당한' 속도로 날아야 한다.

너무 높이 날지 않기, 그렇다고 너무 낮은 포복으로 힘들게 나아가지 않기.

나는 저공비행하는 편집자로 유영하고 싶다.
적절하게, 적당히.

---

9 '김지수의 인터스텔라', "'이것으로 충분하다' 허세 없는 공(空)의 마력, 하라 켄야", 《조선일보》 2018년 6월 14일

관광객의 철학

가고 싶은 장소를 선택한다.
하고 싶은 방식으로 돌아다닌다.
우연의 시선으로 세계를 파악한다.

마을 사람, 나그네, 관광객.

일본의 사상가 아즈마 히로키가 2014년에 쓰고, 내가 운영하는 출판사에서 2016년에 펴낸 『약한 연결』에는 세 가지 인간 유형이 등장한다.

마을 사람은 특정 공동체에 소속된 사람이고, 나그네는 어느 공동체에도 소속되지 않은 사람이며, 관광객은 특정 공동체에 속하면서 다른 공동체에도 들르는 사람이다.

아즈마는 세 유형 가운데 '관광객'을 주목한다. 마을 사람도 아니고 나그네도 아닌, 중심과 주변도 아닌, 안과 밖도 아닌 제3의 존재 양식. 그에게 관광객이란 '타자'나 '유목민'을 대체하는 철학 용어다.

철학? 관광객과 타자는 어떤 관계일까. 알다시피 '타자'는 진보적이고 자유주의적인 '좌파'가 중요하게 여기는 개념이다. 극우 보수주의자들이 꺼리는 단어다.

아즈마는 2010년대 중반을 기점으로 세계의 이념 지형도가 오른쪽으로 치우치고 있음을 감지했다. 영국이 유럽연합EU을 탈퇴하고, 미국에서는 도널드 트럼프가 대통령에 당선되고(다음 대선에 패배했다가 다시 당선되고), 일본에서는 갖가지 혐오 발언이 일상이 된 시기였다.

아즈마는 극우 보수주의자들이 싫어하는 '타자'라는 개념을 '관광객'이라는 세속적인 용어로 바꾼다. '타자'

를 말하지 않으면서도 타자를 소중히 여기는 마음을 잊지 않는다.

관광觀光은 말 그대로 반짝반짝 빛나는 다른 지방이나 나라의 명소와 경치를 구경하는 것이다. 순례와 모험, 부유층의 특권이었다.

18세기 후반 수공업 작업장이 기계 설비를 갖춘 공장으로 전환되었다. 산업혁명. 노동자 계급이 출현했다. 자신의 노동을 급여와 맞바꾼 노동자의 생활양식에 여가가 생겨났다. 귀족과 지식 계급에서 중산층과 노동자 계급으로. 관광은 대중사회와 소비 사회에서 생겨난 여가를 위한 새로운 산업이었다.

관광의 하이라이트는 1851년 런던에서 열린 제1회 만국박람회였다. 유럽의 관광객은 거대한 유리 건축물 '수정궁'에 마음을 빼앗겼다. 수정궁 안에 진열된 공업 생산물에 '현타'를 맞았다.

최초의 영예를 런던에 내준 파리는 1855년 두 번째 만국박람회에서 샹젤리제에 '산업 궁전'을 새로 지었다. 1867년 만국박람회에서는 도시 정비를 마친 파리를 세계만방에 알렸다. 박람회를 찾은 관객들을 실어 나르던 배는 지금도 센강을 떠다닌다. 1889년 말도 많고 탈도 많던 에펠탑이 위용을 드러냈다.

새로운 산업과 기술과 계급과 소비 공간…… 관광은 '근대'를 몸에 걸치는 행위[1]였다. 근대인은 유리 지붕으로 덮은 아케이드 상점가 '파사주Passage'를 구경하며 걸었다. 발터 베냐민처럼 시대의 변화에 유독 민감했던 사상가는 거리와 공간을 목적 없이 걷는 '산책자'가 되었다. 인간 이성에 대한 믿음과 인류 역사에 대한 낙관적 전망이라는 허위의 역사를 지켜보느니 더 이상 존재하기를 그친 도시의 '쓰레기'에 희망을 걸었다.

구경꾼, 관찰자, 산책자.

아즈마는 근대 도시를 산책했던 관광객의 들뜬 마음에 주목한다.

관광객은 자유롭다. 가고 싶은 장소를 선택하고, 하고 싶은 방식으로 돌아다닌다. 무엇을 볼까. 어디를 갈까. 관광객의 선택과 결정에 현지인은 포함되지 않는다. 들뜬 마음으로 돌아다니고, 우연의 시선으로 세계를 파악할 뿐이다.

아무래도 세상을 인문학적으로 바라보는 자에게 관광객은 경박한 존재일 수 있다. 그러나 아즈마는 우연히 장소에 들른 관광객에게 '책임'을 요구하는 진지한 시선을 이해할 수 없다.

그는 거주민의 현실과 고민에 책임지지 않는 관광객의 '무책임성'을 탓하지 않는다. 오히려 현지인과는 전

---

1 아즈마 히로키 지음, 안천 옮김, 『관광객의 철학』, 리시올

혀 다른 시선으로 장소를 '다르게' 바라보는 관광객의 우연한 마주침을 예찬한다. 이방인의 예기치 않은 접속과 소통의 결과물이 현지인의 고정된 가치관을 바꿀 수 있다고 상찬한다.

환대받는 자.[2]
거의 모든 이방인의 공통점이다.

---

2 서동욱 지음, 『철학은 날씨를 바꾼다』, 김영사

편집의 미래

생존이냐 성장이냐.
어떤 곳은 공격적으로 감행할 것이다.
어떤 곳은 수비에 치중할 것이다.
당신은 공격수인가, 수비수인가.

콘텐츠 플랫폼을 운영하는 지인과 점심을 함께했다. 약속 시간보다 일찍 도착해 숨을 골랐다. 무화과 향이 깃든 산미 높은 커피를 마시며 협업하는 애플리케이션을 점검했다. 시의적절한 콘텐츠와 브랜드의 결합이라는 첫 제안과 달리 브랜드의 이미지를 높여주는 인플루언서와의 협업에 적지 않은 주문이 이어졌다.

견월망지見月忘指, 사람들은 콘텐츠라는 달을 보지 않고 인플루언서라는 손가락만 바라본다. 이커머스(전자상거래) 관리를 의뢰한 대형 제약회사도, '읽기'라는 경험을 소셜 독서 플랫폼으로 연결하고 싶은 애플리케이션도, 일제강점기에 지어진 옛 공간에 젊은 미술가들을 초대하고 싶은 비엔날레도, 임시 공간의 일회성 팝업 스토어를 온라인으로 박제하고 싶은 에이전시도, 하나의 세계관을 다양한 채널로 동시에 유통하고 싶은 콘텐츠 플랫폼도 모두 같은 질문을 던진다.

"그 작가(인플루언서)와 친하시죠?"

나는 어떤 편집자일까. 아니, 나는 편집자인가?
아무리 생각해도 사전적 의미의 편집자는 진즉 접은 듯하다. 출판인이라고 하기엔 강의, 전시 기획, 미디어, 애플리케이션이 뒤섞여 있다. 그럼에도 여전히 출판을 이야기하는 까닭은 하루의 시작과 끝을 '책'에 두어서

일 것이다. 아직은 그렇다.

아직은? 아무리 출판에 애정을 담아도 출판 비즈니스의 종착역이 얼마 남지 않아 보인다. 지난해와 올해가, 지난 계절과 이 계절이, 지난달과 이달이, 어제와 오늘이 다르다.

출판의 조건을 점검한다. 독서 체험, 수익화, 가격 전략, 커뮤니티, 데이터, 구독, 생태계. 콘텐츠는 짧고, 잘게 흐른다. 온라인과 오프라인에서 동시에 읽힌다social reading. 콘텐츠는 체험이 될 때 간신히 구독료가 생성된다.

이제 책은 명함이다. 팝업과 페어fair를 찾아다니며 자기 존재를 알리는 크리에이터의 채널이다. 이제 출판사는 글을 쓴다는 것과 책을 내는 일은 다른 일[1]이라는 사실을 상관하지 않는 자들을 돕는 곳이다. 비릿하다.

출판사가 수익을 올리려면 인지도 높은 창작자나 시리즈를 보유해야 한다. 휘둘리고 휩쓸린다. 돈은 저절로 벌어지지 않는다. 싸하다.

그래도 출판은 출판이다. 디지털이 리얼리티인 시대에 음악과 영화와 드라마에 비해 비교적 원형을 유지하는 희귀한 영토. 만듦새와 관계없이 주문하고 유통

---

[1] 정성일·정우열 지음, 『언젠가 세상은 영화가 될 것이다』, 바다출판사

해주는 '서점' 덕분에 연명하고 있다.

이마저도 얼마 남지 않은 듯하다. 오프라인과 온라인, 도매와 소매, 새 책과 헌책을 아우른 서점은 '콘텐츠+지적재산권 플랫폼'으로 이행하고 있다. 스크린에 IP가 있느니라. IP가 알파와 오메가인 시대에 필연적인 움직임이다.

그동안 창작과 비즈니스는 '각자' 움직였다. 지금은 기획과 창작과 사업이 '동시에' 이루어진다. 하나의 세계관으로 웹툰, 웹소설, 드라마 스핀오프, 게임 등 다양한 콘텐츠를 다양한 채널로 유통한다.

전직 대통령과 인플루언서가 판매를 좌지우지하는 시대에 높은 고정 비용은 비극의 씨앗이다. 멤버십으로 사용자를 락인lock-in할 수 있는 곳은 사용자가 먼저 찾는 플랫폼뿐이다. 압도적인 트래픽이 발생하는 곳에서 거래는 생겨난다. 구매자와 판매자와 플랫폼 사이의 선순환이 이루어진다. 구매 데이터를 바탕으로 개인화된 추천이 더욱 강화된다.

트래픽 없는 곳이 매출을 발생시키려면 끊임없이 마케팅에 돈을 써야 한다. 사용자에게 작은 '넛지'를 제공해 화면에 머무르게 해야 한다. 성장을 위해 손실을 감수하는 상태가 이어진다. 평지를 달릴 때와 언덕을 오를 때는 달라야 한다. 뉴욕 양키스의 방식을 따라서는 안 된다. 그렇게 하다간 매번 질 수밖에[2] 없다.

듣는 사람이 자발적으로 브랜드와 함께 걷고 싶은 마음이 들게끔 하는 이야기와 서사를 언어화할 수 있는 커뮤니티[3]를 효율적으로 운영해야 한다. 사용자가 '대안'으로 삼을 때 '생존'할 수 있다.

사용 가치냐 의미 가치[4]냐. 어떤 곳은 아웃풋에 치중할 것이다. 어떤 곳은 일의 과정에 '이야기'를 담거나 일의 철학을 제시하는 '프로세스'에 힘을 모을 것이다.

생존이냐 성장이냐. 어떤 곳은 공격적으로 감행할 것이다. 어떤 곳은 수비에 치중할 것이다. 당신은 공격수인가, 아니면 수비수인가.

한때 나는 공격을 즐겼다. 그런데 1인출판사를 운영할수록 일터의 중원에서 공수를 조율하는 미드필더로 뛰는 날이 잦아졌다. 공격과 수비의 균형과 간격. 어떤 날은 경영자, 어떤 날은 편집자, 어떤 날은 마케터, 어떤 날은 작가, 어떤 날은 매개자. 출판 비즈니스를 일의 경력에서 지울수록 '편집'의 비중이 커지는 아이러니. 비로소 '편집하는 자'에 다다른 걸까.

아무렴 어떠하랴. "노래가 되고 시가 될 수 있을 만

---

2 마이클 루이스 지음, 김찬별·노은아 옮김, 『머니볼』, 비즈니스맵
3 오바라 가즈히로 지음, 이정미 옮김, 『프로세스 이코노미』, 인플루엔셜
4 『프로세스 이코노미』

큼 그만큼만 내게 오길"(잔나비, 〈나의 기쁨, 나의 노래〉)이라는 노랫말처럼 내가 할 수 있는 그만큼만 엮고[編] 모을[輯] 수 있기를, 모든 것에 대해 무엇인가를 알고 있는 사람이자 무엇인가에 대해서는 그 전체를 알고 있는 사람[5]이 되기를, 정말로 중요한 소수의 일을 골라내고 비본질적인 것들을 삭제하는 삶의 편집인[6]으로 '생존'하길 바랄 뿐이다.

시대는 변화한다. 한 번 들어간 물에 다시 들어갈 수 없다. 폐가 공기를 끌어들이려면 먼저 안을 비우듯이 우리의 마음이 영감을 끌어당기기 위해서는 새로운 것을 환영할 공간이 필요[7]하다. 오래되고 낡고 허름한 감각이든, 새롭고 신선하고 세련된 감수성이든 폐활량이 큰 독자는 너끈히 들이쉬고 내쉴 것이다. 독자가 옳다.

건축가 한승재는 누군가는 오랜 시간 공들여 바닥에 자신의 자국을 남기려 하고, 누군가는 그것을 너무도 쉽게 지워버린다며 자국이 지워지고, 기억마저 깨끗이 지워진다면 그곳에 남는 것은 무엇일까[8] 궁금해한다.

---

5 가토 게이지 지음, 임경택 옮김, 『편집자의 시대』, 사계절
6 그렉 맥커운 지음, 김원호 옮김, 『에센셜리즘』, 알에이치코리아 (RHK)
7 릭 루빈 지음, 정지현 옮김, 『창조적 행위』, 코쿤북스

나도 그러하다.

어떤 작가는 오랜 시간 공들인 자국을 남기려 하고, 어떤 크리에이터는 그 자국을 지우며 자신의 자국을 남기려 할 것이다. 어떤 출판사는 오랜 시간 공들인 자국을 사수하려 하고, 어떤 플랫폼은 그 자국을 지우며 자신의 자국을 남기려 할 것이다. 자국과 기억이 지워진 곳에서 이야기는 힘겹게 피어날[9] 것이다.

그 지워짐 속에서 나는 어떤 이야기를 피울 수 있을까. 각각의 장르가 줄 수 있는 재미와 가치에 공감하는 이들이 적게나마 유지되도록 각고의 노력을 해야 한다는 뻔한 소리[10] 외에는 할 말이 없다.

중얼중얼.

나만 혼자 이렇게 달라져 있는 나이 든 편집자의 궁색한 변명이다.

---

8 한승재 지음, 『우리는 더듬거리며 무엇을 만들어가는가』, 어라운드
9 『우리는 더듬거리며 무엇을 만들어가는가』
10 송승언 지음, 『덕후 일기』, 현대문학

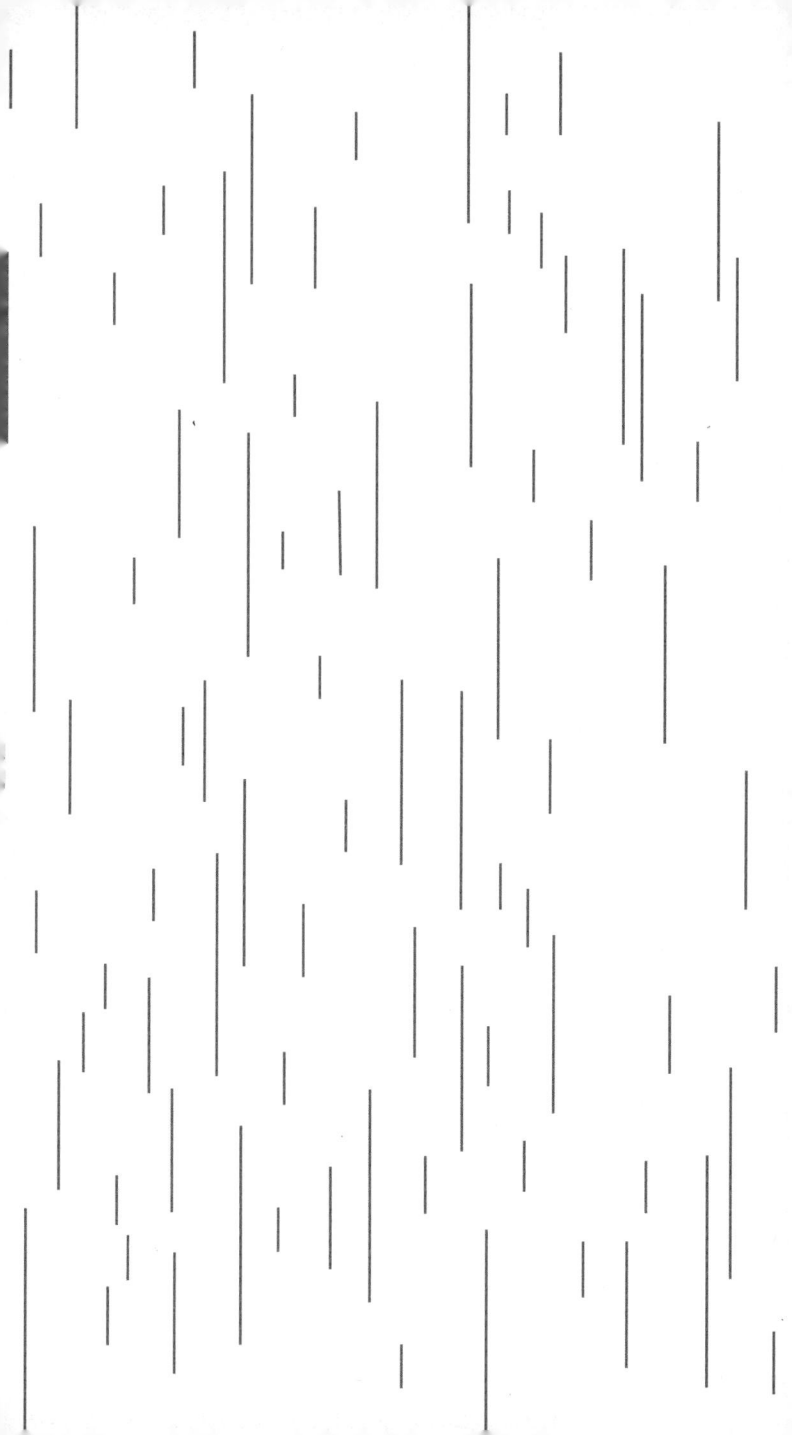

대화의 힘

대화는 마주 대하여
이야기를 '주고받음'이 아니다.
그저 '받음'이다.
'잘 들어~'라고 말하면 안 된다.
그저 '잘 들어'야 한다.

얼마 만인가. 모처럼 대화를 나눈 시간이었다. 번외의 잡담보다 본질에 집중하는 사람과의 대화는 '페리에' 같다. 레몬 맛이든 라임 맛이든 알싸하다.

미팅을 앞두고 상대방의 인스타그램을 오르내렸다. 사려 깊은 감각의 결과물을 훑어 내려가며 좋은 만남을 예감했다. 일에는 반드시 인간성이 드러난다. 그것은 감추려 해도 감춰지지 않는다.[1]

예감은 들어맞았다. 우리의 대화는 시대의 흐름과 각자의 취향을 오갔다. 테이블에 놓인 따뜻한 플랫화이트처럼 문화적 연관성이 모락모락 피어났다.

대화는 단지 즐거워서만은 안 된다. 실용적이고 실질적이어야 한다. 기획, 구성, 방법, 예측…… 누가, 언제, 무엇을, 어떻게…… 섣부른 기대는 금물, 순진한 환상은 경계. 잡음이 일면 안 된다. 욕심을 부려서도 안 된다. 선택과 결정의 기준은 51퍼센트 점유율에 달려 있다. 그것이 무엇이든 51퍼센트 지분은 의미 있는 소유권을 창출한다. 그 정도면 충분하다.

만남은 대화로 흐른다. 언어든 손짓이든 몸짓이든 대화로 여닫는다. 우리는 늘 대화한다. 밥 한번 먹자, 커피 한잔하자, 술 한잔하자. 그러나 한 번 보~고 두 번

---

[1] 마쓰우라 야타로 지음, 신혜정 옮김, 『안녕은 작은 목소리로』, 북노마드

보~고 자꾸만 보고 싶~은 만남은 흔치 않다. 만남이 파국에 이르는 일이 다반사다.

만나고 싶어 밥을 먹고 차를 마시고 술을 마시는데, 그 만남이 오래가지 못하는 까닭이 차를 마시고 밥을 먹는 다반사茶飯事라니. 얄궂다.

대화의 목적은 소통이다. 발신과 수신이 의미가 되려면 알아들음이 전제되어야 한다. 한반도에 터를 잡은 우리는 한국어로 말을 나눈다. 몸짓과 손짓, 속어와 은어도 훈민정음 안에서 이루어진다.

나와 가까운 해외파 번역가는 술에 달큰하게 취하면 영어를 섞는데, 그 순간에도 내가 알 만한 수준으로 수위를 조절한다(쳇!). 취기에도 소통을 놓치지 않겠다는 배려이리라(흥!).

물론 같은 언어로 대화한다고 해서 마냥 통하는 건 아니다. 우리가 대화 상대를 찾는 이유는 '대화'가 되지 않아서다. 부모, 부부, 자식, 형제자매, 친구, 선후배, 동료, 팔로워…… 아무리 다가가도 닿지 않는다. 아이러니. 구구절절, 변명하고 항변한다. 쨍그랑, 상처를 주고받는다. 아~ 왜 이러니.

말[語] 때문이다. 이 말을 전해야 하나. 아니 아니 아니 되오. 아무리 깊이 고민하고, 아무리 신중히 다듬고, 아무리 정갈하게 전달해도 말은 진심을 담을 수 없다. 대화는 마주 대하여 이야기를 '주고받음'이 아니다. 그저 '받음'이다. 그래야 뒤끝이 없다.

'잘 들어~'라고 말하면 안 된다. 그저 '잘 들어'야 한다. 말하는 사람의 언어가 놓여 있는 상황을 주의 깊게 배려해야 한다. 단순히 말에 귀를 기울이는 것이 아니라 그 말이 발생한 사람을 주의 깊게 살피는[2] 경청밖에 해답이 없다. 듣기는 아무것도 하지 않고 귀를 기울이는 단순한 행위가 아니다. 다른 사람이 자기 말을 받아들였다는 확실한 사건[3]이다.

듣기는 곧 사건이라니! 말하기에 진력하는 나를 부끄럽게 만드는 문장이다. 미술과 철학과 출판을 이야기하는 나의 '수다'를 견딘 이들에게 용서를 구한다. 꾸벅. 물론 계속할 것이다. 꾸벅꾸벅. 당신이 졸더라도.

하루하루 나이를 먹는다. 서글프지만 거역할 수 없는 일. 삶이 그렇게 정해졌다면 잘 늙어가고 싶다. 내 이야기를 정중하게 전하는 일을 포기하고, 가만히 이야기를 들어주고 싶다. 상대의 말을 듣고 내 의견을 '정정'하는 유연한 자로 나이 들고 싶다.

판단중지(에포케, epoché)!

철학자 에드문트 후설은 우리가 사물을 바라보고 인식하는 과정에서 기존의 관점을 배제할 것을 요청했

---

2 『고요한 읽기』
3 와시다 기요카즈 지음, 김주희 옮김, 『듣기의 철학』, 아카넷

다. 선입견과 습관적 이해를 치울 때 세계의 존재가 올바르게 드러난다는 진중함이었다. 자신에게서 몇 발짝 물러나는 때[4]에 철학은 우리 인생에 스며든다.

시와 식물원과 공들인 산책을 좋아하는 일본의 철학자 나가이 레이는 다음의 순서로 사람들과 철학적 대화를 나눈다.

서두르지 마, 일단 멈춰, 다시 질문해. 그리고 이렇게 마무리한다.

기다려.[5]

---

4 『소크라테스 익스프레스』
5 나가이 레이 지음, 김영현 옮김, 『물속의 철학자들』, 다다서재

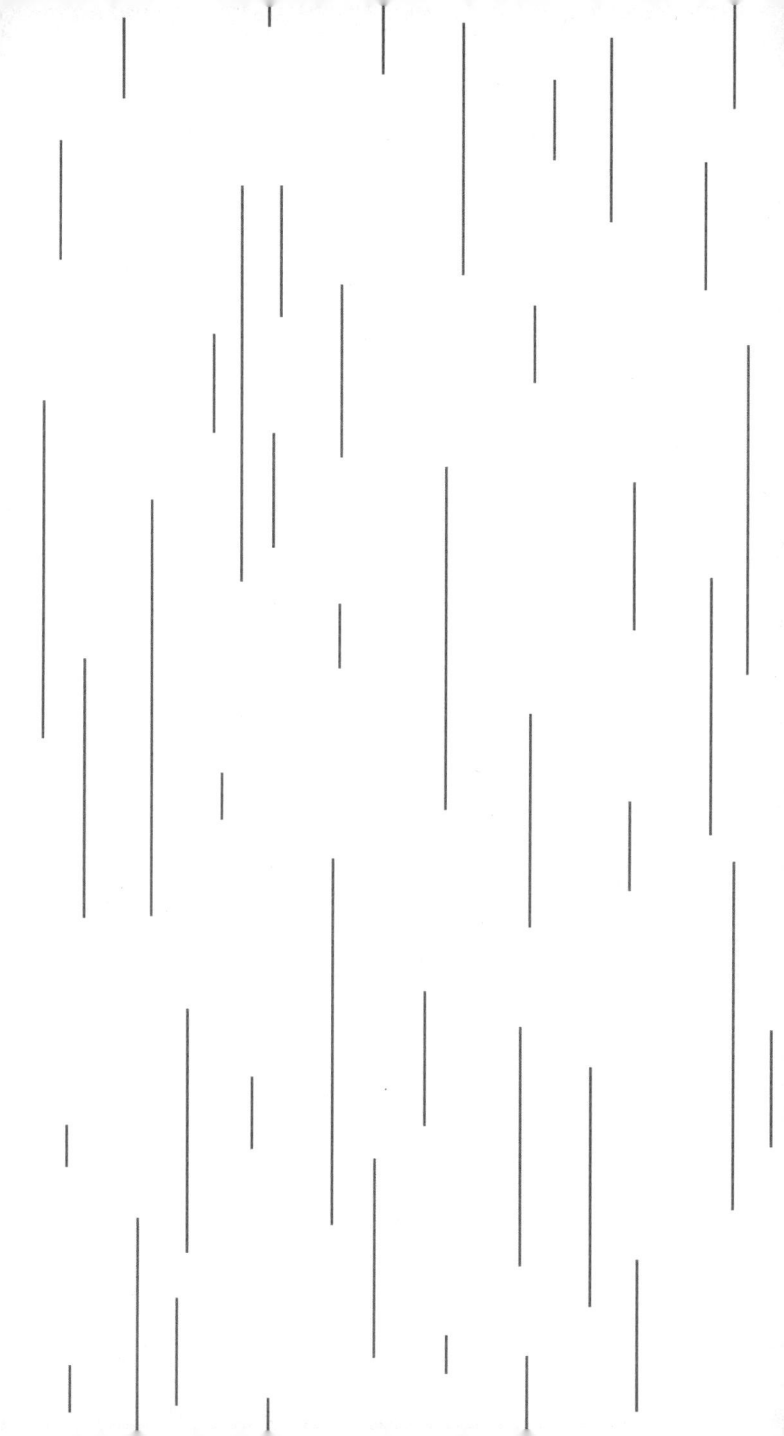

무미 예찬

좋은 삶이란
무한히 음미할 수 있는
맛없음에서 우러난다.
배고프면 무엇이든 맛있는 법이다.

자연을 관장하는 순환의 시간과 인생을 지배하는 직선의 시간[1] 속에서 인간은 나이를 먹는다.

나이 듦은 삶이 평평해지는 일이다. 있는 듯 없는 듯 사는 법을 깨우치는 일이다. 나이 든 자의 눈이 희미한 까닭은 보이지 않아도 보여서이다. 나이 든 자의 귀가 침침한 까닭은 들리지 않아도 들려서이다. 세상사에 둔해질수록 세상 이치가 또렷해진다.

나이 들어가는 당신에게 『무미 예찬』을 권한다. 저자는 프랑수아 줄리앙, 프랑스 태생의 중국학 연구자다. 프랑스와 중국에서 그리스 철학과 중국학을 공부하고 홍콩과 일본에서 연구원으로 일했다. 동양 전문가다.

무無는 담淡이다. 담담함과 담백함, 두드러진 특성이 없다.

무미無味는 '맛없음'이다. 짠맛, 쓴맛, 신맛, 단맛, 매운맛, 특정한 맛에 고착되지 않는 싱거움이다. 물과 밥처럼 심심한 맛이다. 좀처럼 질리지 않는 정갈함이다. 맛이 없어서 도리어 맛있다는 말이다.

무미는 치우침 없음이다. 중용과 중립과 균형이다.

무미는 비움이다. 동양화의 여백, 음식의 뒷맛인 여미, 소리가 사라지고 나서 남아 있는 여음, 3구 17자에

---

[1] 데구치 하루아키 지음, 서수지 옮김, 『철학과 종교의 세계사』, 까치

세상과 인생을 포개는 하이쿠[俳句]의 여운…… 채우지 않음으로써 의미를 완성한다.

아무래도 자극이 넘쳐나는 세상에서 무미의 담백함은 경쟁력이 떨어진다. 단맛, 쓴맛, 짠맛, 신맛, 마라 맛을 이길 수 없다. 강하고 자극적인 맛에 길들인 현대인은 재미없음과 맛없음을 견디지 못한다. 맛있음만 추구하다 보니 맛이 부실해졌다. 재미있음을 따라가다 보니 재미가 없어졌다.

『무미 예찬』은 묻는다. 언제까지 '(맛, 재미) 있음'에 인생을 탕진할 것인가. 그리고 답한다. 세계의 무미함을 파악하여 정적과 평온을 되찾자고, 그것을 통해 그만큼 더 자유롭게 성장[2]하자고.

사물과 사건은 늘 일정하다. 본래의 위치와 역할에 성실하다. 마땅히 할 일을 수행할 뿐 자기를 절대화하지 않는다. 폭우도 폭염도 태풍도 가뭄도 저절로 이루어진다. 결국 '없음'으로 돌아간다.

그러나 인간은 홍경민이다. 미안해~ 친구야~ 늘 흔들린다. 이 마음으로 사건을 바라보다가 저 마음으로 사건을 외면한다. 같은 사건을 다르게 인지하고 다르게 감각한다.

---

[2] 프랑수아 줄리앙 지음, 최애리 옮김, 『무미 예찬』, 산책자

현대인은 일하고 전진하고 발전하느라 위대한 무상(행위에 대한 대가 없음)과 무위(이름 없음)를 잃어버렸다.[3] 비가 오면 갠 날을 기대하고, 가물면 비를 갈구하는 변덕스러운 존재가 되었다. 자신의 유불리有不利를 기준 삼아 호들갑 떠는 참을 수 없는 가벼운 존재가 되었다.

존재의 동기를 찾겠다며 바깥을 헤매는 존재, 지속 가능함을 머물러 있다고 오인하여 초조해하는 존재, 있을 때 잘하지 않고 굳이 없는 걸 찾아 나서는 존재, 있음에 자족하지 않고 없음을 불평하는 존재, 가진 게 사라지고 나서야 후회하고 슬퍼하는 존재, 힐링과 치유라는 정체불명의 개념에 돈과 시간을 소모하는 존재, 이미 존재하는 나를 부정하는 존재, 바로 인간이다.

부질없다. 손에 쥔 물건이 떨어지면 어떻게 해야 하나. 뭘 물어보나. 붙잡아야 한다! 마음이 흔들리면 마음을 붙잡으면 될 일이다.

담백한 맛, 담백한 사람, 담백한 삶.

자연스럽게 살아야 한다. 당나라 시인 두보의 인생이 그러했다. 젊은 날 화려했던 그의 시는 나이가 들면서 평담해졌다. 삶과 사물의 겉모습을 노래하지 않고

---

[3] 『철학은 날씨를 바꾼다』

근본으로 나아가는 감수성, 그 '좋은 선한 감정들'에서 올바름이 생성됨을 말년의 두보는 알고 있었다.

무상한 삶, 무위의 삶[4],
고요함의 멋과 싱거움의 맛.

무릇 좋은 삶이란 무한히 음미할 수 있는 맛없음에서 우러난다. 배고프면 무엇이든 맛있는 법이다.
이 땅에 정통 마르크스주의 경제학을 소개한 진보 경제학자이자 언론인이었던 고故 정운영의 유언을 되새긴다.

가끔은 근원을 생각하자.[5]

p.s. 『무미 예찬』은 절판 도서다. 출판사 생각의나무, 산책자(웅진), 돌베개를 거치며 탁월한 편집자로 손꼽혔던 김수한의 선구안이 돋보이는 책을 구할 수 없어서 아쉬울 따름이다(물론 내 서가에는 있다. 도무지 버릴 수 없는 책이 있다). 『편집자의 일』(북노마드)에서 '출판'에 관한 그의 생각을 참조할 수 있다.

---

4 『철학은 날씨를 바꾼다』
5 정운영 지음, 『심장은 왼쪽에 있음을 기억하라』, 웅진지식하우스

유럽 사유와 중국 사유의 간격을 탐색하는 프랑수아 줄리앙이 궁금하다면 『장자, 삶의 도를 묻다』(한울) 『현자에게는 고정관념이 없다』(한울) 『고요한 변화』(그린비) 『문화적 정체성은 없다』(교유서가) 『탈합치』(교유서가) 등으로 아쉬움을 달래면 좋겠다.

빨리 달리면서 오래 달릴 수 있을까

이 순간에서 저 순간으로 넘어가며
방향과 속도를 바꾸기.
어디서든 '시작'할 수 있고
어디서든 '접속'할 수 있다는 안도감.

나이를 먹으며 숲을 찾는 일이 잦아졌다. 도시의 세련됨이 좋지만, 나무와 풀의 야생성에 마음의 뿌리를 내린다. 정갈한 호텔을 선호하지만, 자연에 노출된 차박이나 텐트도 불편하지 않다. 주중에는 도시에서 일하고, 주말에는 외곽에 머무는 일상을 기웃거린다.

물론 아직 멀었다. 더위와 추위, 비와 눈을 가리지 않고 자연으로 툭 떠나는 이들에 비하면 생초보다. 그래도 너무도 당연했던 도시의 하루하루가 답답해진 걸로 미루어 자연 지수가 높아졌음은 분명하다.

〈나는 자연인이다〉라는 TV 프로그램이 있다. 자연으로 돌아가고 싶은 현대인에게 참된 행복의 의미를 전한다. 반가운 마음이 들면 나이가 들었다는 걸 테고, '뭐지?'라고 시큰둥해하면 아직 한창이라는 증거다. 16번, 71번, 96번, 128번…… 재방송 채널을 곧바로 누르는 나는 뭐란 말이냐?

농사를 짓고 약초를 캐고 장작을 패고 어설프게 밥을 짓는 자연인은 도시에서 실패를 맛보거나 건강에 이상이 생겨 자연으로 들어온 경우가 많다. 대부분 중년 또는 노년으로 이름에 딸린 숫자를 볼 때마다 나도 모르게 내 나이를 셈하게 된다.

좀처럼 잠이 오지 않는 깊은 새벽, 거실에 우두커니 앉아 자연인의 일거수일투족을 심드렁하게 보노라면 나이 듦의 이치가 훅 육박해 들어온다. 세상사 별거 없음을 진즉 깨달았는데도 요 모양 요 꼴로 버티고 있나 몸서리친다.

그때마다 맥주를 따거나 위스키를 연다. 볼품없다. 도시를 떠난 자연인도, 여전히 도시를 떠나지 못한 채 나이 들어가는 나도 초라하다.

서둘러야 한다.
'일찍' 깨달아야 하고 '빨리' 감행해야 한다.

싯다르타가 북인도의 작은 왕국 카필라바스투의 왕자를 벗어던지고 출가한 나이는 스물아홉이었다. 6년에 걸친 수련과 고행을 거쳐 '스스로 깨어난 자(붓다)'가 된 나이는 서른다섯이었다. '청년'이었다.

고전연구자 고미숙은 붓다의 득도를 청년의 신체성으로 깨닫는다.[1] 생로병사. 싯다르타에게 삶은 '괴로움[苦]'이었다. 호모 사피엔스라면 누구나 아는 사실이다.

하지만 거기까지다. 우리는 괴로움을 욕망으로 극복한다. 욕망이라는 이름의 전차에 탑승해서 내릴 줄 모른다. 욕망은 충족되는 즉시 사라지는 법. 다음 욕망으로 빠르게 갈아탄다. 나중에, 언젠가, 노후에…… 미래를

---

[1] 고미숙 지음, 『청년 붓다』, 북드라망

대비하고 준비한다는 명목으로 지구력도 길러야 한다. 빠르게, 동시에 오래 달려야 한다. 헉헉, 힘들 수밖에.

고미숙은 묻는다. 디지털 혁명으로 유례없는 혁신을 거듭해도 우리의 일상과 내면은 초라하고 빈곤하지 않더냐고. 세상이 혁신된다 한들 우리 마음이 하늘처럼 넓어지고 별처럼 빛날 수 있겠느냐고. 대화 전문 인공지능 챗봇은 '느낄 수 없는' 근원적인 물음이다.

'청년 붓다'는 세상과 삶을 의심하는 데 그치지 않았다. '출가'라는 근원적이고 전복적인 결단을 내렸다. 욕망의 집착에서 연단과 수행으로 인생의 처소를 옮겼다.

인생은 고행이다. 속세든 속세를 떠나든, 부자든 빈자든, 젊은이든 나이 든 자든 살아가는 일은 버겁다. 천하의 공자도 15년 동안 타국을 떠돌아다녔고, 한국 시리즈 '나 홀로 4승'에 빛나는 최동원도 은퇴식 없이 그라운드를 떠났고, 손흥민도 페널티킥을 실축하고, 오타니도 삼진 아웃을 당하고, 반려견 행동전문가 강형욱도 개에게 물리고, 포르쉐도 차가 막히면 멈추고, 르 코르뷔지에의 인생 역작 '빌라 사보아'도 평평한 지붕 때문에 비가 샌다.

무왕불복 무평불파 无往不復 无平不陂. 가면 돌아와야 하고, 평지가 있으면 언덕이 있다. 조금 높아지기도 하고 낮아지기도 하는 것[2]이 인생이다.

소유에서 자유로,
증식에서 순환으로,
확장에서 공감으로.

  고미숙은 인생을 '흐름'으로 오르내린다. 이 순간에서 저 순간으로 넘어가며 방향과 속도를 바꾼다. 시작도 끝도 없고, 어디서든 '시작'할 수 있고 어디서든 '접속'할 수 있다는 안도감. '순간'을 기준 삼을 때 인생은 살 만해진다는 혁명적인 전환이다.

  오늘 밤에도 나는 자연인의 삼시세끼를 우두커니 시청할 것이다. 세속을 등진 자연인은 여러모로 편집되었을 가능성이 크다. 자연인을 수행자로 묘사하는 터무니없는 시선은 경계해야 한다.

  그럼에도 '자연(인)'이라는 화두에서 조금은 다른 삶을 고민하게 된다. 나무의 높이에서 삶을 바라보고, 나무를 통해 삶에 숨구멍을 내는[3] 생활. '순간'만 헤아리며 미래를 염려하지 않는 나날. 가진 게 없어서 편안하고, 기회가 남지 않아서 더 갖지 않는 태도. 단쓴단쓴, 인생의 단맛과 쓴맛을 모두 맛본 자연인에게서 삶의 '다른' 흐름을 감지한다.

---

2 『주역계사 강의』
3 『나의 친애하는 숲』

세상의 쾌락을 포기하지 않는 자는 씹고 뜯고 맛보고 즐긴다. 허상에 지나지 않는 욕망에 집착하며 생을 탕진한다. 이제 마음의 방향과 일상의 배치를 바꿀 때다. 묻고 탐구하고 관찰하고 비우기. 낡고 노쇠하기 전에, 한 살이라도 젊을 때 말이다.

삶은 극복한다고 해서 해결되지 않는다.

흘러가게 두어라

고요함 속 움직임,
움직임 속 고요함.
몸에 힘을 빼고
시간이 지나기를 기다린다.
무리하게 저항하지 않고
태연하게 받아들인다.

서로 다른 문화가 섞여 있는 스타일, 자본에 구애하면서도 대안적 태도를 지키는 문화 패턴, 아방가르드 스타일과 친환경적 가치를 섞은 공정과 정의.

사람들은 자신이 어떤 음악을 듣는지, 어떤 공간에 가는지, 어떤 사람과 어울리는지 '제대로' 파악하는 브랜드를 선호한다. 대안적 가치를 추구하는 새로운 브랜드, 브랜딩에 무심한 척하는 브랜딩. 나는 이러한 흐름을 '언브랜딩unbranding'이라 부른다.

언브랜딩은 정체성의 종언을 예고한다. 자신에게 진실한 '진정성'과 자신의 역할에 충실한 '성실성'으로 쌓아 올린 정체성이 허물어지고 있다. 조회수, 좋아요, 평점, 팔로워…… 다른 사람들이 우리를 보는 프로필을 끊임없이 큐레이팅하는[1] '프로필성'에 하트가 쌓인다.

그래봤자다. 도긴개긴, 피차일반, 도토리 키 재기, 그 나물에 그 밥, 오십 보 백 보다. 프로필성은 여러 개의 정체성 시대가 열렸다는 신호일 뿐이다. 근대인이 창안하고 현대인이 몰두했던 정체성을 벗어나지 않는다.

나를 하나의 '결과물'로 증명하는 도구. 오늘날 개인은 하나의 정체성에 만족하지 않는다. 오프라인과 소셜 미디어 정체성은 기본이요, 몰입형 기술을 통해 가

---

[1] 한스 게오르크 묄러·폴 J. 담브로시오 지음, 김한슬기 옮김, 『프로필 사회』, 생각이음

상 세계에서 자신이 원하는 정체성을 생성시킨다.

이제 사람들은 아무 전시나 감상하지 않는다. 인플루언서가 다녀온 전시를 찾아 작품 '옆'에 서 있는 자신을 소셜 미디어에 업로드한다. 이제 사람들은 아무 책이나 읽지 않는다. 북튜버가 읽은 책을 소장한 자신을 소셜 미디어에 '스토리' 삼는다. 이제 사람들은 여행지의 풍경을 감상하지 않는다. 공항과 호텔과 핫플을 주름잡는 나를 '릴스'한다. 모두가 스타다.

정체성에서 프로필성으로, 하나의 정체성에서 복수의 정체성으로. 우리는 '서브스턴스'다. 나의 자아를 과신하며 물질문명, 기계문명에 매몰된 결과 자기의 정체성을 상실[2]해버렸다. 세상으로부터 평가받고 비교당하는 왜소한 자아 속에서 다른 사람과 제품과 사물과 장소를 거침없이 평가하는 비대한 자아가 기어 나온다.

마음의 밖으로extra 돌아다니는vagaries 과도해진extravagant 사람들. 이제 어지간한 '빌런'은 요리와 연애와 이혼과 자녀 교육을 다룬 프로그램에서 도드라지지 않는다. 이제 어지간한 정치인은 유튜버의 호명을 받지 못한다. '계엄' 정도는 일으켜야 태극기를 휘날리게 할 수 있다.

---

[2] 『모모도, 선(禪)을 말하다』

우리는 왜 정체성과 프로필성에 집착하는 걸까. 우리는 왜 다른 존재를 평가하는 걸까. 우리는 왜 나와 다른 존재를 비교하는 걸까.

'나'를 기준으로 세상을 바라보기 때문이다. 모든 사건은 발생해야 하기 때문에 발생[3]하는데, 유독 '나'에게만 잦은 빈도와 센 강도로 찾아온다고 여겨서다.

나는 이미 세상에 내던져진 존재다. 눈앞에 나타난 사건도 이미 생겨난 일이다. 무시해서는 안 되겠지만 그렇다고 관심을 기울일 필요도 없다. 인생이 하자면 하고, 가자면 가고, 멈추자면 멈추면 그만이다. 고요함 속 움직임, 움직임 속 고요함. 몸에 힘을 빼고 시간이 지나기를 기다리면 된다. 무리하게 저항하지 않고 태연하게 받아들이면 결국 흘러간다.

> 주의가 흐트러지면 무시하지도 말고 관심을
> 기울이지도 마라. 아무런 에너지도 주지 마라.
> 구름이 산을 지나듯 그저 흘러가게 두어라.[4]

그저 흘러가게 두어라! 받아들임은 패배를 의미하지 않는다. 나의 한계를 알게 되면 쓸데없는 힘이 빠진다.

---

[3] 요시에 마사루 지음, 이정환 옮김, 『돈의 맛』, 포레스트북스
[4] 『창조적 행위』

밖에서는 좁아 보여도 안은 깊고 넓은[5] 나만의 역할이 반드시 보이기 마련이다.

비즈니스로 성립되어 있는 메이저가 되기 바로 직전의 위치에서 맴돌고 싶은 바람[6]. 내가 찾은 그곳을 당신도 꼭 도달하기 바란다.

그곳은 '여기 어때'에 없다.
평가하지 않고 비교하지 않는 '저곳'에 있다.

---

5 『노인력』
6 『디자이너 마음으로 걷다』

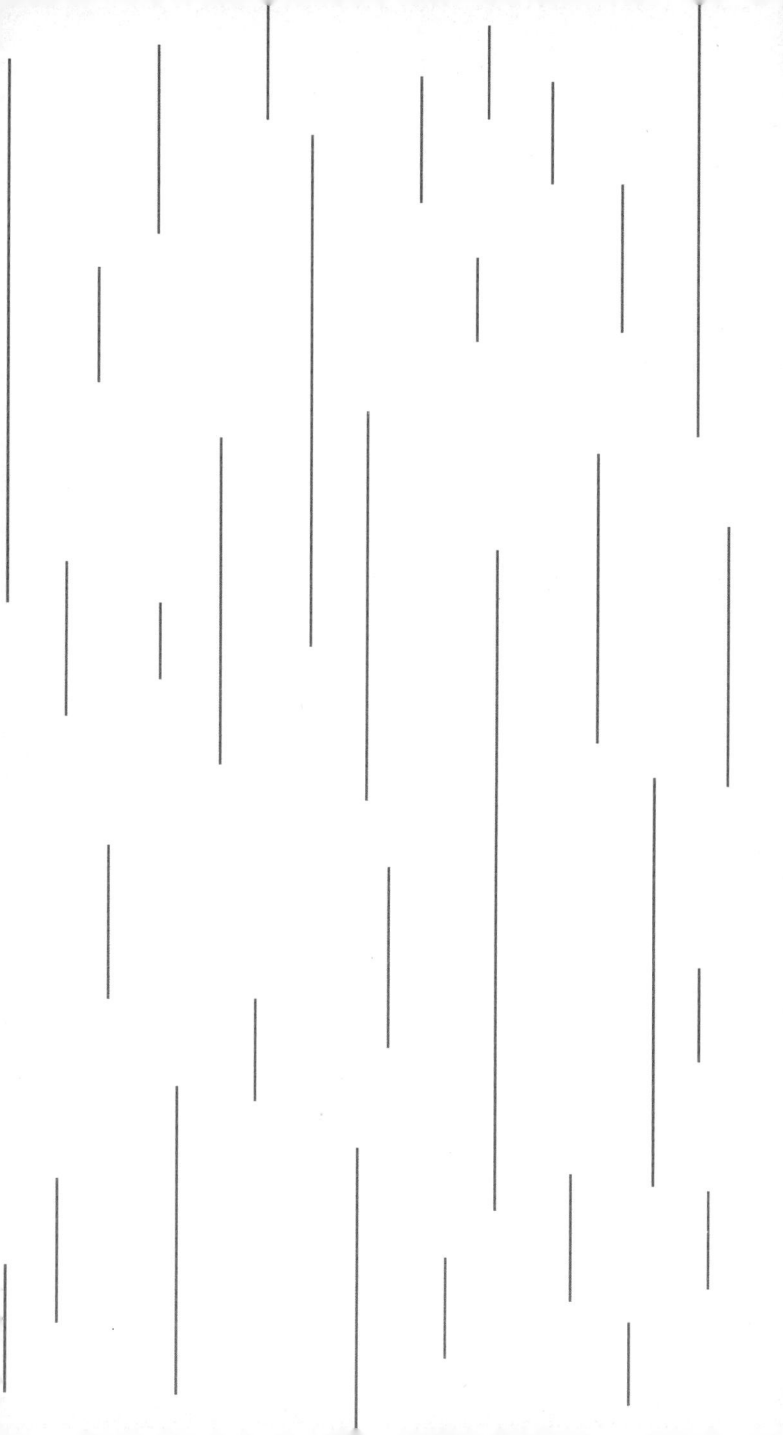

앵콜 요청 금지

우리, 공부할까요?
지식을 거르고 정리하고 나르는 관광객.
나는 '삶의 취미'에
바빠지고 싶다.

이런저런 강의 프로그램을 운영하고 있다. 서점, 도서관, 공공기관, 대학, 기업…… 여기저기 돌아다니며 공부 꾸러미를 풀어놓는다. 미술, 철학, 출판을 나눈다.

한편으론 부끄러운 일이다. 아는 자는 말하지 않고 말하는 자는 알지 못하는 법. 세상에 소식을 알릴 때마다 움찔한다. "너 뭐 돼?"

그때마다 철학자 고병권의 문장으로 면피한다.

> 나는 철학이 '박식함'에 있지 않고 '일깨움'에 있다고 생각한다.[1]

다시 말하건대, 철학은 지식이 아니다. 철학은 입장이다. 세계로 들어가[入場] 나의 입장立場을 세우는 일이다.

철학은 연결이다. 우리에게 찰싹 달라붙어 있는 무언가가 한숨이 되고 중얼거림이 되고 질문이 되는 순간[2] 타인과 연결된다.

철학은 저항이다. 저항에는 좋고 나쁨이 존재하지 않는다.[3] '잘될 것인가, 안 될 것인가'라는 가치판단과 무관하다. 온전하고 완전하지 않아도 가치 있는 삶의

---

1 고병권 지음, 『철학자와 하녀』, 메디치미디어
2 『물속의 철학자들』
3 다카쿠와 가즈미 지음, 노수경 옮김, 『철학으로 저항하다』, 사계절

과제를 수행하는 노력이다.

철학은 헤엄이다. 세계로 텀벙 자맥질한다. 철학은 스쿼트다. 가장 구체적인 것과 가장 근원적인 것 사이를 왕복운동[4]한다. 철학은 플랭크다. 잊어서는 안 되는 것들을 오래 지탱한다.

철학은 대화다. 질문하고 대답하고 듣는 일이다. 여러 전문가가 특정한 주제를 놓고 서로 다른 각도에서 의견을 발표하는 심포지엄symposium은 '같이 마시다'[5]라는 그리스어 심포시온에서 유래했다. 다양한 사람을 만나 술을 마시며 대화를 나눈 소크라테스로부터 철학이 탄생[6]했다.

소크라테스는 광장에서 누구하고든 문답을 나누었다. 소크라테스는 질문을 던졌다. 세계는 어떻게 생겨났을까를 묻는 사람에게 거꾸로 물었다. 인간은 무엇을 아는가? 질문은 타자와의 대화를 넘어 내성內省, 자신을 돌이켜 살피는 자기대화[7]로 귀결되었다. 무지無知의 자각이었다.

의도적으로 무지를 사용하여 대화의 상대방을 모순

---

4 이정우 지음, 『세계철학사 1』, 도서출판 길
5 민태기 지음, 『판타 레이』, 사이언스북스
6 아즈마 히로키·안천 지음, 『철학의 태도』, 북노마드
7 가라타니 고진 지음, 조영일 옮김, 『철학의 기원』, 도서출판 b

으로 빠져들게 하여 무지를 깨닫게 만든 아이러니. 아테네의 평범한 중산층으로 살던 소크라테스의 새로운 '철학적 삶'을 가리켜 사람들은 '에이로네이아', 즉 아이러니[8]라 불렀다.

아이러니를 사랑해. 그게 인생이니까![9]

철학이란 희극적이고 역설적인 인생을 집요하게 사랑하는 일이다. 산다는 것 혹은 존재한다는 것과 화해하기, 더 나아가 그것들을 사랑하기, 함께 노닐기[10]에서 철학은 우러난다.

다가오는 계절, 철학과 미술을 공부할까요?

철학과 미술을 나누는 일은 이병률이다. '내 옆에 있는 사람들'이 잘 살길 바라는 마음이다. '그리고 행복하다는 소식을 들었습니다'라는 다행함이다.

아침에 일찍 일어나 방방곡곡 강의 현장을 찾는 일은 여행이다. 지식을 거르고 정리하고 나르는 관광객. 나는 '삶의 취미'에 바빠지고 싶다.

그러다가 한동안 수업을 멈췄다. 코로나 팬데믹 때문이기도 했지만, 글과 말의 주제를 바꾸었다. 우리 시

---

8 『세계철학사 1』
9 김영민 지음, 『가벼운 고백』, 김영사
10 이정우 지음, 『세계철학사 2』, 도서출판 길

대의 새로운 신화로 전승되는 '네트워크 문화'에 마음이 연결되었다.

과거의 신화는 절대 권력이었다. 움직이거나 나눌 필요가 없었다. 과거의 신화는 힘이 센 자들의 스토리텔링이었다. 신화를 만든 자는 지배하고 신화를 믿는 자는 지배당했다.

지금의 신화는 젊은 세대의 (하위)문화라는 데이터[11]에서 생겨난다. 아래로부터 위를 뒤집으며upset 솟구친다. 비예술적 혹은 반예술적으로 치부되던 삶의 세목들이 당당히 예술의 소재로 격상[12]되고 있다.

새로운 네트워크 신화는 다음과 같이 작동된다.

첫째, 고정된 중심이 없다. 한 가지 원리나 법칙으로 작동하지 않는다. 늘 움직이고 이동하고 운동한다.

둘째, 지금의 신화는 이중적이다. 통속적이면서 동시에 메시지를 품는다. 하위문화의 운동력과 순문학의 감수성을 동시에 지닌다.

셋째, 오늘의 신화는 알고리즘에서 발생한다.

네트워크 신화의 핵심은 '게임'이다.

---

[11] 후쿠시마 료타 지음, 김정복 옮김, 『신화가 생각한다』, 기역
[12] 『나는 왜 비에 젖은 석류 꽃잎에 대해 아무 말도 못했는가』

게임을 이해하지 않는 자가 우리 시대의 비즈니스를 이해할 수 있을까.[13] 이제 게임은 미술이나 음악과 마찬가지로 우리 삶에 도움이 되는 예술[14]이다. 심장을 상징하는 '하트' 표시의 건강 앱은 게임처럼 걸음을 수치화한다. 소셜 미디어에 달라붙는 '좋아요'도 게임 점수와 다르지 않다. 게임을 하는 자도, 게임이란 미련하게 시간을 버리는 일이라고 멀리하는 자도 '게임 같은' 인생을 살고 있다.

네트워크 신화를 공부하는 데 한국과 일본은 좋은 교과서다. 2000년대 들어 한국과 일본에서는 이데올로기 시대가 저물었다. 그 자리에 자유주의와 소비 사회가 들어섰다. 기성세대가 볼 때 '쓸모없는' 일이 나타났다.

네트워크 신화는 예술의 스토리텔링도 바꾸었다. 고유한 인격체로서의 작가주의는 저물고 온라인을 무대 삼은 익명의 군중이 작가로 등극했다.

이데올로기와 자본으로 겁박하는 기성세대는 강력하게 저항했다. 역사, 전통, 민족, 국가, 체제, 제도, 예술의 변화를 정체성이 사라지는 일이라고 우려했다. 걱정할 일일까. 무슨!

---

13 남궁훈 지음, 『CEO라는 직업』, 위즈덤하우스
14 C. 티 응우옌 지음, 이동휘 옮김, 『게임: 행위성의 예술』, 워크룸 프레스

일본의 철학자 후쿠시마 료타는 낡은 시간을 되돌리려는 기성세대의 저항을 '시대의 유산'으로 박제한다. 안 돼요~ 끝나버린 노래를 다시 부를 순 없어요~ 앵콜 요청 금지! '브로콜리 너마저'라고 배신감을 느껴도 어쩔 수 없다. 한물간 이야기는 돌아오지 않는다.

기성세대의 몰락은 젊고 파릇한 세대에겐 기회다. 문제는 나 같은 사람이다. 권력과 재물을 비축하지도, 새로운 지평을 열어가는 네트워크에도 서툰 이러지도 저러지도 못한 사람은 당혹스럽다.

양쪽에 귀를 기울이되 누구의 손도 들어주지 못하는 사람들. 과거를 예찬하지도, 기술 사회를 두 손 들어 환영하지도 못하는 사람들. 폭주하는 자본주의 열차에서 섣불리 뛰어내리지 못하는 사람들. 철학을 의무[15]라고 여기는 사람들은 무엇을 의지해야 할까.

경계!

이것을 바라보다가 저것을 바라보아야 한다. 이것을 이야기하다가 저것을 이야기해야 한다. 이곳을 걷다가 저곳을 걸어야 한다. 다른 생각과 장르의 침투를 허용

---

15 비톨트 곰브로비치 지음, 김용석 옮김, 『6시간 15분 철학 강의』, 신북스

하지 않는 엄격한 주류 문화와 유머로 무장한 하위문화를 왕복해야 한다. 임시방편적이고 유동적인 것들, 가벼우며 가장자리에 있는 것들, 그 경계의 풍경을 유랑해야 한다.

읽기도 마찬가지다. '경계'를 오가며 읽어야 한다. 과거의 인문학과 정보화 사회의 새로운 인문학을 두루 읽어야 한다. 신화에서 서사로, 서사에서 사건으로, 사건에서 감정으로 이어지는 문학의 스토리텔링을 고루 섭취해야 한다.

이것조차 낡은 생각일지 모른다. 풍경, 생각, 장르, 인문학, 신화, 서사, 사건, 스토리텔링은 모두 과거의 잔재다. 과거는 모든 것을 구분하고 나누었다. 지금은 모든 것이 '정보'라는 새로운 카테고리[16]에서 흐른다.

정보는 세계의 이미지를 바꾸었다. 정보는 진리나 지식의 양식을 교체했다. 정보는 과거의 몇몇 양식을 멸종시켰다. 내가 미술 기자와 편집자로 바라보던 세계의 이미지는 거의 모두 사라졌다. 내가 공부했던 진리나 지식의 양식도 존재하지 않는다. 무용지물無用之物, 나는 쓸모없는 존재가 되었다.

부모 세대는 산업화의 역군을 자처했다. 후배 세대

---

16 『신화가 생각한다』

는 정보화의 역군을 자임한다. 그 사이에서 이러지도 저러지도 못하는 나는 어떻게 살아야 할까.

역군은 개뿔. 그냥 내 일을 하는 것이다. 그저 읽고 쓰고, 있는 그대로 보고, 되어가는 대로 내버려둔다. 세상사 '저절로 된다'고 흘려보낸다. 냅둬유!

세계에 기여하고 세상에 공헌하는 일은 훌륭한 사람의 몫. 사람과 동물과 식물을 존중하고, 세계와 세상을 훼방 놓지 않는 자로 살면 그만이다. 나는 내 일을, 당신은 당신의 일을.

> 당신은 답을 알지는 못 하지만,
> 답을 찾기 위해 어디로 가야 하는지를 알지요.
> 그곳으로 가겠다는 생각도 있고요.[17]

읽고 쓸 수만 있다면 나만 혼자 이렇게 달라져 있어도 괜찮다.

---

17 김초엽 지음, 『지구 끝의 온실』, 자이언트북스

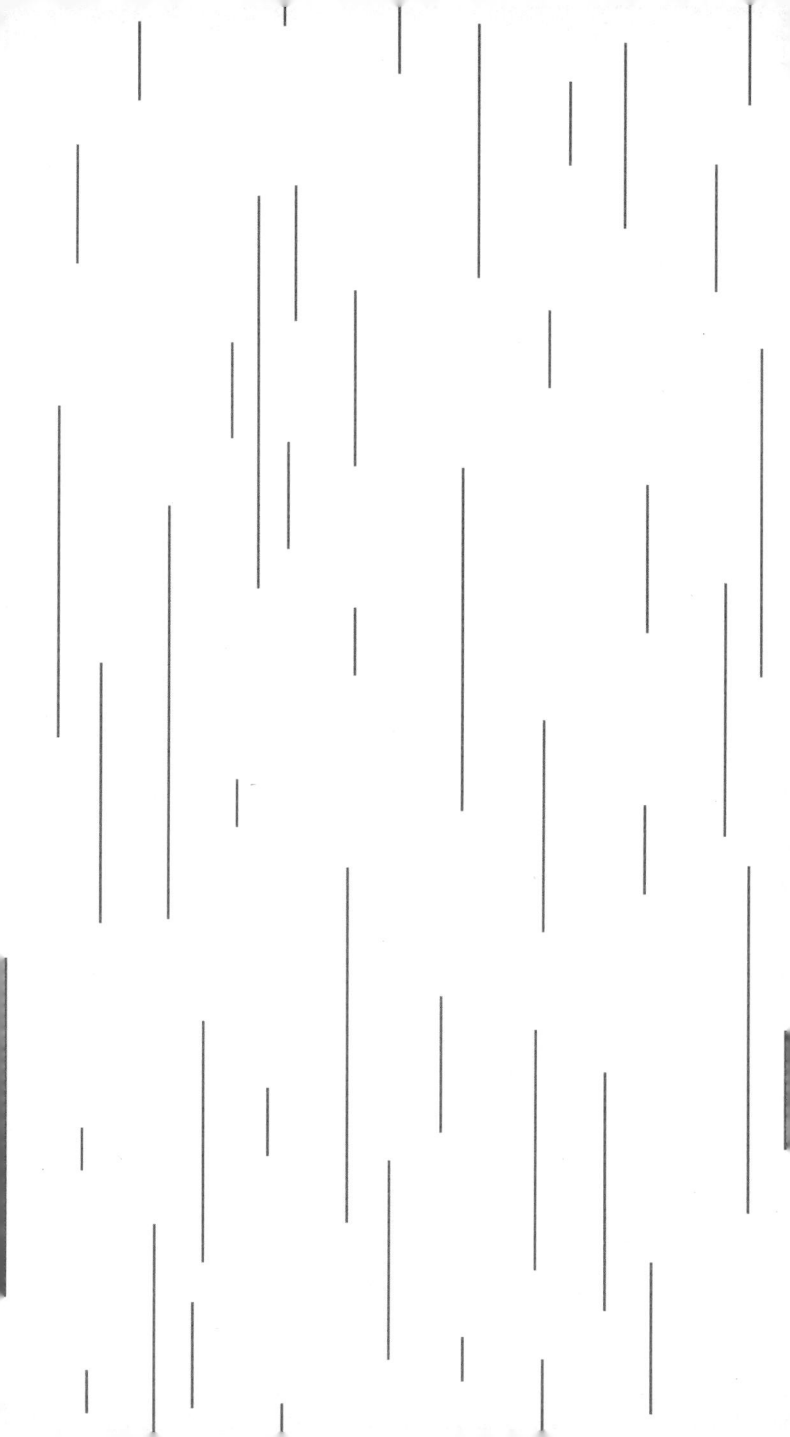

인생의 때

마음을 비우고,
부산한 자존심을 버리고,
나만의 핵심 찾기.
인생의 문제를 푸는 해법은 여기에 있다.

일본의 수학자 모리타 마사오에게 수학은 단순히 수와 계산을 다루는 학문이 아니다. 마사오에게 수학은 아직 보이지 않는 연구 대상에 관심을 모으는 일[1]이다. 계산과 논리를 낳은 인간의 '마음'을 탐구하기, 그에게 수학은 '인생'을 사는 일이다.

40여 년간 수학 연구에 매진한 오카 기요시에게도 수학은 단순한 숫자놀음이 아니다. 인간의 '정서'를 '지성'이라는 문자판에 표현하는 학문적 예술. "무엇에 쓰려고 그렇게 열심히 수학을 연구하느냐"는 세상의 물음에 기요시의 대답은 담백하기 이를 데 없다.

> 제비꽃은 제비꽃으로 피어 있으면 되는 것이지. 그것이 봄의 들녘에 어떤 영향을 미치는지 따위는 제비꽃이 상관할 바 아니지 않소?[2]

피어 있는 것의 소용은 꽃이 알 바 아니라는 이야기. 단지 수학을 배우는 기쁨을 먹고 살 뿐이라는 수학자의 담담함에서 구구절절 먹고사는 문제를 풀지 못해 쩔쩔매는 인생의 난제를 점검한다.

---

[1] 모리타 마사오 지음, 박동섭 옮김, 『수학의 선물』, 원더박스
[2] 오카 기요시 지음, 정회성 옮김, 『수학자의 공부』, 사람과나무사이

천재 수학자에게도 미해결 문제는 찾아오는 걸까. 유학을 마치고 고국으로 돌아온 기요시를 기다린 건 좀처럼 풀 수 없는 고난도 문제였다. 매일 아침부터 밤까지 풀어도, 몸담고 있던 히로시마대학에 관련 문헌이 없어서 교토대학까지 찾아가도 도저히 풀 수 없었다.

포기해야 하나. 망연자실한 그에게 홋카이도대학에서 물리학을 가르치는 지인이 "여름방학에 놀러 오라"는 초대장을 보낸다. (미해결 문제를 두고) 가야 하나. 기요시는 '장소'를 바꾸기로 결심한다.

낯선 대학의 연구실에서도 문제는 쉬이 풀리지 않았다. 그런데…… 놀라운 일이 일어났다. 순간순간, 하루하루, 생각이 한 방향으로 가지런히 모이더니 어디를 어떻게 손을 대야 좋을지 알게 되더란다.

매일 할애한 시간.
적당한 기회에 바꾼 장소.
인생을 애먹이는 문제를 푸는 비법은 기다림이(었)다.

기요시는 매일 정해진 시간에 몰입했다. 그러자 의식의 밑바닥에 잠재해 있는 무언가가 천천히 자랐다. 이윽고 표면에 드러난 순간, 바짝 조였던 긴장의 끈이 서서히 풀렸다.

기요시는 그 희열의 순간을 '한가운데'라는 평범한

단어와 '휴식'이라는 평온한 단어로 압축한다.

한가운데! 인간의 뇌는 의지가 작용하면 뜨거워진다. 지력에 힘을 쏟으면 전두엽이 뜨거워진다. 식혀야 한다. 대장장이는 쇠를 단련하기 위해 뜨거운 쇳물에 담갔다가 찬물에 식히는 일을 반복한다. 휴식! 공부를 잘하려면 전두엽에 휴식을 줘야 한다.

일찍이 장자는 자기 그림자가 두렵고 자기 발자국이 싫어서 이것들을 떠나 달아나려 발을 더욱 자주 놀릴수록 발자국은 더욱 많아진다고 했다. 빨리 뛰면 뛸수록 그림자는 몸을 떠나지 않는다.

쉼과 고요. 그늘 속에서 쉬면 그림자가 없어진다. 고요히 있으면 발자국이 나지 않는다.

비움과 버림.

마음을 비우고, 부산한 자존심을 모두 버리고, 나만의 내적 핵심[3] 찾기. 내 앞에 놓인 인생의 문제를 푸는 해법은 여기에 있다.

기요시가 석 달 동안 끙끙거렸던 문제는 홋카이도의 낯선 연구실에서 스르르 풀렸다. 하루에 일정 시간 몰입하고, 세상의 '한가운데'에서 휴식하니 '제비꽃이 피어 있으면 그뿐이지 않은가'라는 경지에 이르렀다.

---

3 『축의 시대』

인생의 때를 생각한다. 소셜 미디어에 출몰하는 하이라이트를 엿본다. 물끄러미 지켜볼 수밖에 없는 블링블링한 인생들. 아무리 모방해도 따라잡을 수 없는 근사한 사람들.

그들을 뒤로하고 '한가운데'로 들어간다. 한 권의 책과 한 잔의 커피가 전부인 평범한 공간. 이 소박함을 누리기 위해 그동안 애써 달려왔나 생각하면 허망하지만, 이제라도 깨달아서 다행이라고 안도한다.

'평범함'을 뜻하는 프랑스어 메디오크리테mediocrite는 라틴어 메디어스(중간)와 오크리스(산)에서[4] 나왔다. 평범함은 산 중턱 외딴 구석에 나를 두는 일이다. 생각보다 비범하다.

평범한 우리, 이만하면 괜찮은 삶 아닌가.

---

[4] 마리나 반 주일렌 지음, 박효은 옮김, 『평범하여 찬란한 삶을 향한 찬사』, 피카(FIKA)

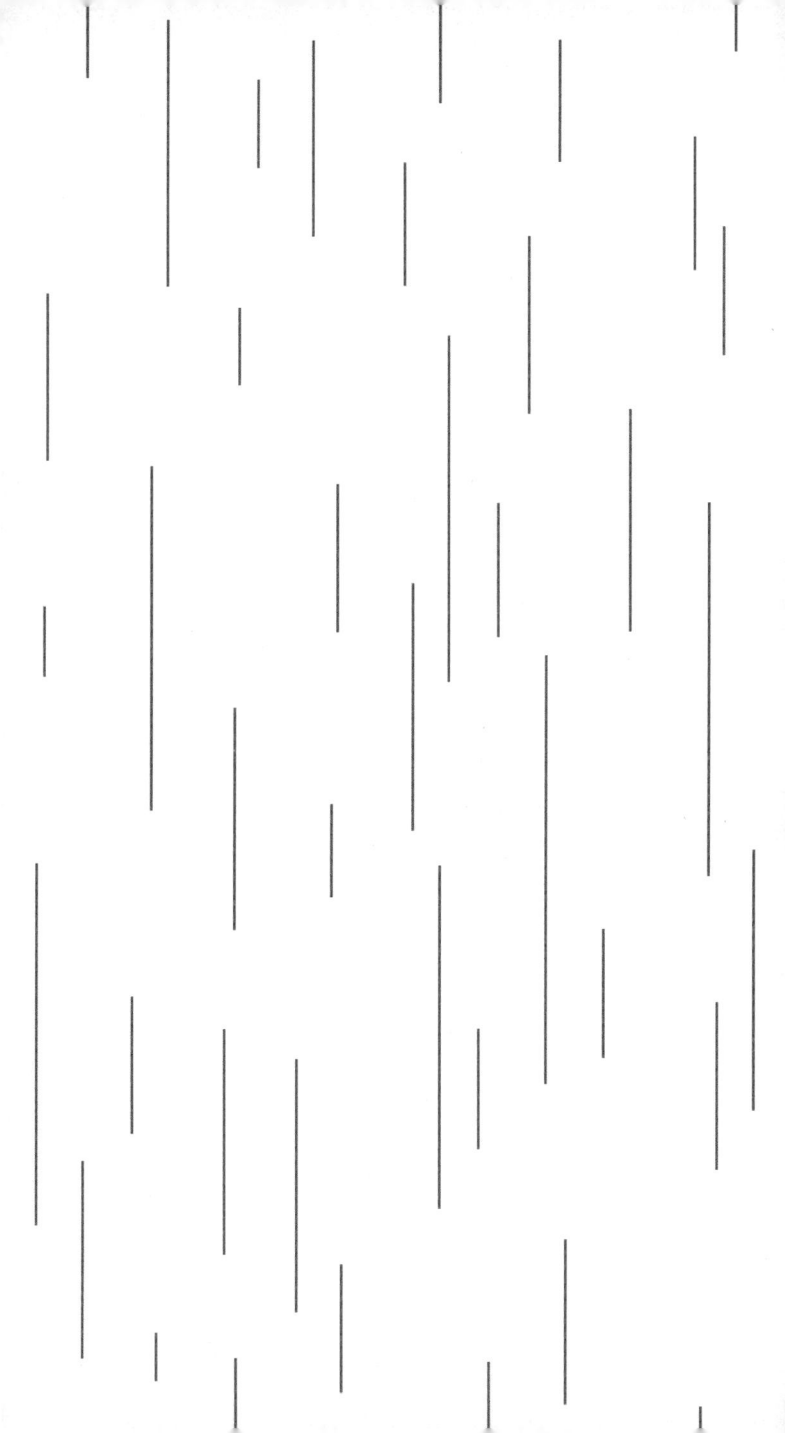

마음껏 사치하라

행복은 '보통'의 상태에서 생성되지 않는다.
행복은 필요 충분 조건을 넘어설 때 생겨난다.
필요의 한계를 '넘어서' 지출이 이루어질 때
인간은 사치스러움을 느낀다.

일본의 고쿠분 고이치로는 스피노자와 들뢰즈를 연구하는 철학자다. 『고쿠분 고이치로의 들뢰즈 제대로 읽기』(동아시아) 『중동태의 세계』(동아시아) 등이 우리말로 옮겨져 국내에도 독자가 적지 않다. '대학'과 '책'이라는 소극적인 통로에 의존하는 자들과 달리 미디어를 통해 사회 현실에 적극적으로 발언하는 '행동파 철학자'로도 유명하다.

나는 그의 저서 가운데 유달리 『한가함과 지루함의 윤리학』[1]을 좋아한다. 당신도 꼭 읽으면 좋겠다.

풍요로운 시대다. 인류는 대립과 충돌, 부당함과 불편함을 딛고 넉넉함을 일구었다. 과거에는 벌어들인 돈을 생존에 썼다. '하고 싶었지만, 하지 못한 일'은 나중으로 미루었다. 아무것도 하지 않아도 되는 한가함은 인생을 노동에 바친 자들의 버킷리스트였다.

그러나 수상하다. 과거에 비해 월등히 한가해졌는데도 사람들은 '바쁘다'를 입에 달고 살아간다. 과거에는 광고와 세일즈맨에게, 지금은 이커머스와 셀럽에게. 의지하는 대상만 바뀌었을 뿐 한가한 시간에 무엇을

---

[1] 2014년 10월 31일 출간된 『인간은 언제부터 지루해했을까?』는 절판되었다. 2025년 1월 22일 번역가 김상운의 옮김으로 『한가함과 지루함의 윤리학』이 출판사 arte(아르테)에서 새 옷을 갈아입고 출간되었다.

하고 싶은지 알 수 없는 처지는 달라지지 않았다. 금전적으로도, 시간적으로도 여유가 생겼건만 늘 부족하다고, 촉박하다고 자신을 갈군다. 돈과 시간의 여유를 SNS와 유튜브가 점지하는 맛집과 핫플에 탕진한다.

우리는 분명 여유로워졌고 한가해졌다. 그런데도 금세 지루해한다. 생존에 충분한 돈을 가졌는데도 굳이 사람을 만나고, 굳이 모여서 책을 읽고, 굳이 모여서 달리고, 굳이 모여서 실내 암벽을 오른다.

과거 '노동'을 착취당했던 노동자는 이제 '한가함'을 갈취당하고 있다. 나에게 이미 찾아온 '한가함'을 사용하는 법을 여전히 알지 못하고 있다.

한가함을 지루함으로 착각하는 어리석음은 과거에도 마찬가지였다. 17세기 프랑스 사상가 파스칼에게 인간이란 지루함을 견딜 수 없는, 그리하여 굳이 '기분 전환' 대상을 찾아 헤맨 요상한 존재였다.

그 시대에도 부자들은 지루함을 견딜 수 없었다. 그들은 성채 같은 저택을 벗어나 굳이 무거운 장비를 짊어지고 사냥에 나섰다. 굳이 새벽에 일어나 굳이 운전하여 굳이 장비를 짊어지고 골프를 치고 산을 오르고 낚시하고 캠핑하는 우리와 다르지 않았다.

파스칼은 말한다. 토끼를 사냥하는 사람은 토끼를 원하는 게 아니라고, 단지 지루함에서 도망치고 싶은 것이라고, 그저 기분 전환을 하고 싶을 뿐이라고.

파스칼은 '욕망'이라는 핵심어로 이 황당한 시추에이션을 깔끔하게 정리한다. 욕망의 대상과 욕망의 이유. 욕망의 대상은 '하고 싶다' '갖고 싶다'는 마음이 향해 있는 대상이다. 욕망의 원인은 '하고 싶다' '갖고 싶다'는 욕망을 인간의 마음속에 일으키는 이유다.

토끼는 욕망의 대상일 뿐 욕망의 원인이 아니다. 그런데도 인간은 토끼를 갖고 싶다고 착각하며 사냥에 나선다. 욕망의 대상을 욕망의 원인과 착각한다.

지루함.

17세기 부호들과 21세기 우리가 돈과 시간을 쓰는 이유는 단 하나다. 그때나 지금이나 사람들은 한가함을 지루함으로 오해한다. 지루함을 견디지 못한다.

한가함과 지루함은 다르다.

한가하다는 '겨를이 생겨 여유가 있다'이고, 지루하다는 '시간이 오래 걸리거나 같은 상태가 오래 계속되어 따분하고 싫증이 나다'로 풀이된다.

고이치로는 더욱 엄격히 구분한다. 한가함이란 아무것도 할 필요가 없는 객관적인 시간이고, 지루함이란 무언가 하고 싶은데 할 수 없는 주관적 감정이나 기분[2]

---

[2] 고쿠분 고이치로 지음, 최재혁 옮김, 『인간은 언제부터 지루해했을까?』, 한권의책

이다.

한가함이란 '여유 있다'는 말이다. 그런데도 우리는 아무것도 할 필요가 없는 객관적인 상태를 자책한다. 우리는 잘못이 없다. 자신을 탓하지 않아도 된다. 한가함을 지루함으로 여겨 자꾸만 무언가를 하지 않아도 된다. '바쁨'을 예찬하며 한가함을 죄책감으로 탈바꿈시키는 자본주의가 주범이니까 말이다.

1899년 경제학자 소스타인 베블런은 과거에 부러움을 받은 사람들은 한가한 사람(유한계급)이었다[3]고 적었다. 시종(피고용인)을 거느리고, 옷과 집과 보석을 자랑하는 그들(고용인)의 인생은 한가함을 과시하는 일로 채워졌다.

그러나 한가한 유한계급의 전성시대는 오래 가지 않았다. 20세기 대중사회와 더불어 사그라들었다. 그 자리에 노동자 계급이 들어섰다. 자본가의 착취 대상이었던 노동자 계급은 '피 땀 눈물'로 '여가'의 권리를 쟁취했다.

급여, 하루 8시간 노동, 여가 인정, 재단 및 병원 설립…… 노동자는 매달 따박따박 들어오는 임금을 유지하려고 성실하게 일했다. 기업은 임금을 베풀며 노동

---

3 소스타인 베블런 지음, 박홍규 옮김, 『유한계급론』, 문예출판사

자의 노동과 여가를 관리했다(도망가지 못하게 했다). 노동자의 여가를 겨냥해 레저 산업이 등장했다.

한가한 시간에 무엇을 해야 할지 갈피를 잡지 못하는 노동자를 위해 레저는 '욕망'을 기획했다. 이 이벤트 저 이벤트, 이렇게 돈을 써야 하고, 저렇게 시간을 들여야 했다.

노동자는 가족을 데리고 돈과 시간을 소비했다. 포드의 노동자는 임금을 받아서 포드 자동차를 사서 놀이동산을 찾았다. 월마트의 노동자는 임금을 받아서 포드 자동차를 타고 월마트에서 생필품을 구입했다.

노동자의 급여는 다시 기업으로 돌아갔다. 공장주와 노동자의 상호적 종속, 자본과 노동 사이 관계의 고전적인 모델[4]이었다.

기업이 생산하는 제품과 서비스는 노동자이자 소비자인 우리를 통제하는 장치다. 그들은 우리의 한가함을 기획하고 조종하고 관리한다. 간신히 얻은 한가함을 지루함으로 탈바꿈한다.

생산자를 바꾸면 되지 않느냐고? 천만의 말씀. 생산자는 바뀌지 않는다(바뀌면 망한다). 소비자이자 사용자인 우리가 바뀌어야 한다. 아주 필요한 소비만 하거

---

[4] 페터 하프너 지음, 김상준 옮김, 『익숙한 것을 낯설게 바라보기』, 마르코폴로

나 새 모델이 나와도 사지 않아야 한다. 욕망을 줄이거나 욕망하지 않아야 생산자를 움직일 수 있다. 한가함을 지루함으로 착각하게 만드는 자본주의 상품을 줄일 수 있다. 과연?

현실은 생산자가 새 모델을 출시하는 즉시 이전 모델이 지루해지는 악순환을 반복할 텐데? 아, 어쩌란 말이냐~ 울부짖는 우리에게 고이치로는 파격적인 대안을 내놓는다.

사치!

잠깐, 사치라고? 필요 이상의 돈이나 물건을 쓰거나 분수에 지나친 생활이 해법이라고? 응!(앗, 독자에게 반말을)

세상은 사치를 부정적으로 바라본다. 사치를 낭비와 연동시킨다. 아니다. 낭비란 필요한 수준을 초월해서 물자를 취하는 행위다. '물자'가 기준이다. 물자는 한계와 제약이 따른다. 흥청망청 소비하는 낭비를 부정적으로 여기는 이유다.

소비는 낭비와 다르다. 소비는 물자를 대상으로 삼지 않는다. 소비라는 '개념'에는 한계가 없다. 한계가 없으니 멈추지 않는다. 1948년에 태어난 나의 어머니는 늘 말씀하신다.

"아들아, 인생에 돈 쓰는 일만큼 재미있는 건 없단다."

브라보! 돈을 쓰는 일은 왜 즐거울까. 물자를 받아들이거나 흡수하는 게 아니어서다. 물자에 부여된 '개념'과 '의미'를 소비해서다.

개념, 의미, 기호, 관념…… 소비는 멈추지 않아도 된다. 그렇다. 어머니는 일찌감치 알고 계셨다!

우리는 소비하고 사치하는 사람을 부정적으로 바라본다(속으로는 부러워하면서). 자책할(부러워할) 필요 없다. 우리가 비판해야 하는 '소비'는 노동이다. 물자가 아니라 다시는 돌아오지 않는 '시간'을 '노동'에 소비하는 일이다.

과거에는 가진 자가 갖지 못한 자를 착취했다. 지금은 '스스로'를 착취하고 소외시킨다. 과거의 유한계급은 한가롭고 호화로운 생활을 영위했다. 죄책감에 빠지지 않았다.

오늘날 소비 사회는 낭비를 부정적으로 바라본다. 사람들은 늘 소비하며 주위를 의식한다. 도덕적으로 비난받지 않으려고 적정한 소비에 만족한다. 소비를 줄인 자리에 '노동'을 대체한다. '바쁨'을 예찬하며 노동을 과시한다. 각종 디지털 생산성 도구로 노동을 인증한다. '일놀놀일(일이 놀이고 놀이가 일)'을 해시태그로 각인한다.

고이치로는 외친다.

"여러분, 그건 소비가 아니에요. '소비했다'는 관념의 게임을 반복하는 것뿐이에요."

정리하자. 인간은 어느 때보다 한가해졌다. 그러나 한가함의 본질을 깨닫지 못하고 지루함에 빠진다. 지루함의 원인을 자신에게 돌린다.
이제는 알아야 한다. 지루함은 인간이 해결할 수 없는 자본주의의 농간이다. 소비 사회의 구조적 문제다.

우리는 왜 사는가?
행복하기 위해서다.
풍요롭게 살기 위해서다.

행복은 '보통'의 상태에서 생성되지 않는다. 행복은 필요 충분 조건을 넘어설 때 생겨난다. 필요의 한계를 '넘어서' 지출이 이루어질 때 인간은 사치스러움[5]을 느낀다.
고이치로와 더불어 일본에서 각광받는 철학자 지바

---

5 『인간은 언제부터 지루해했을까?』

마사야도 '과잉 혹은 남음'을 예찬한다.

현대인은 늘 목표를 설정한다. 목표를 숫자로 부여한다. 여기에 국가와 사회와 기업이 끼어든다. 목표를 부여하고 측정하고 평가한다. 그리고 보상을 약속한다.

보상? 개인은 높은 곳을 향한다. 닿을 듯이 닿을 듯이…… 도달하지 못한다. 목표에 도달하지 못한 '부족한' 나를 자책한다. 부족함을 채우려고 더 열심히 노력한다. 기를 쓰고 노력하니 삶을 두려움 없이 낭비하는 센스[6]가 활성화되지 않는다.

자본주의는 우리가 합의한 시스템이다. 모든 사람이 참여하고 수행한다. 가진 자든 못 가진 자든 피할 수 없다.

그러나 자본주의는 우리의 행복을 고려하지 않는다. 우리의 가치를 숫자로 판단하고 재단한다. 자본주의, 자기 행복만 고려한다.

"네 영혼을 돌보라."

인간과 신의 차이를 자각하고 분수를 지키라는 명령이었던 '너 자신을 알라'를 소크라테스는 '영혼'의 차

---

6 지바 마사야 지음, 전경아 옮김, 『센스의 철학』, 베가북스

원으로 격상시켰다. 신체가 아닌, 재산이 아닌, 영혼을 돌보는 일을 인간의 과제로 삼았다. 삶에 대한, 인간에 대한, 정치에 대한, 역사에 대한, 문화에 대한, 자연에 대한 독서와 사유와 대화를 통해 자신의 정신을 다듬어가는 사람만이 인간으로서의 '사람다움'을 갖출 수 있다[7]는 최초 선언이었다.

광장에 모인 어리석은 자들이 민주주의를 부르짖을 때 소크라테스는 정치의 출발점으로 돌아갔다. 시장에 모인 맹목적인 자들이 자본주의를 추종할 때 누군가는 자본의 출발점으로 돌아가야 한다. 고이치로는 그 출발점을 '사치'에 두었다.

다시는 돌아오지 않는 '지금'을 마음껏 '사치'하기.
좀 덜 피곤한 형태의 자본주의[8]를 찾아야 할 때다.

---

7 『세계철학사 1』
8 『코끼리와 벼룩』

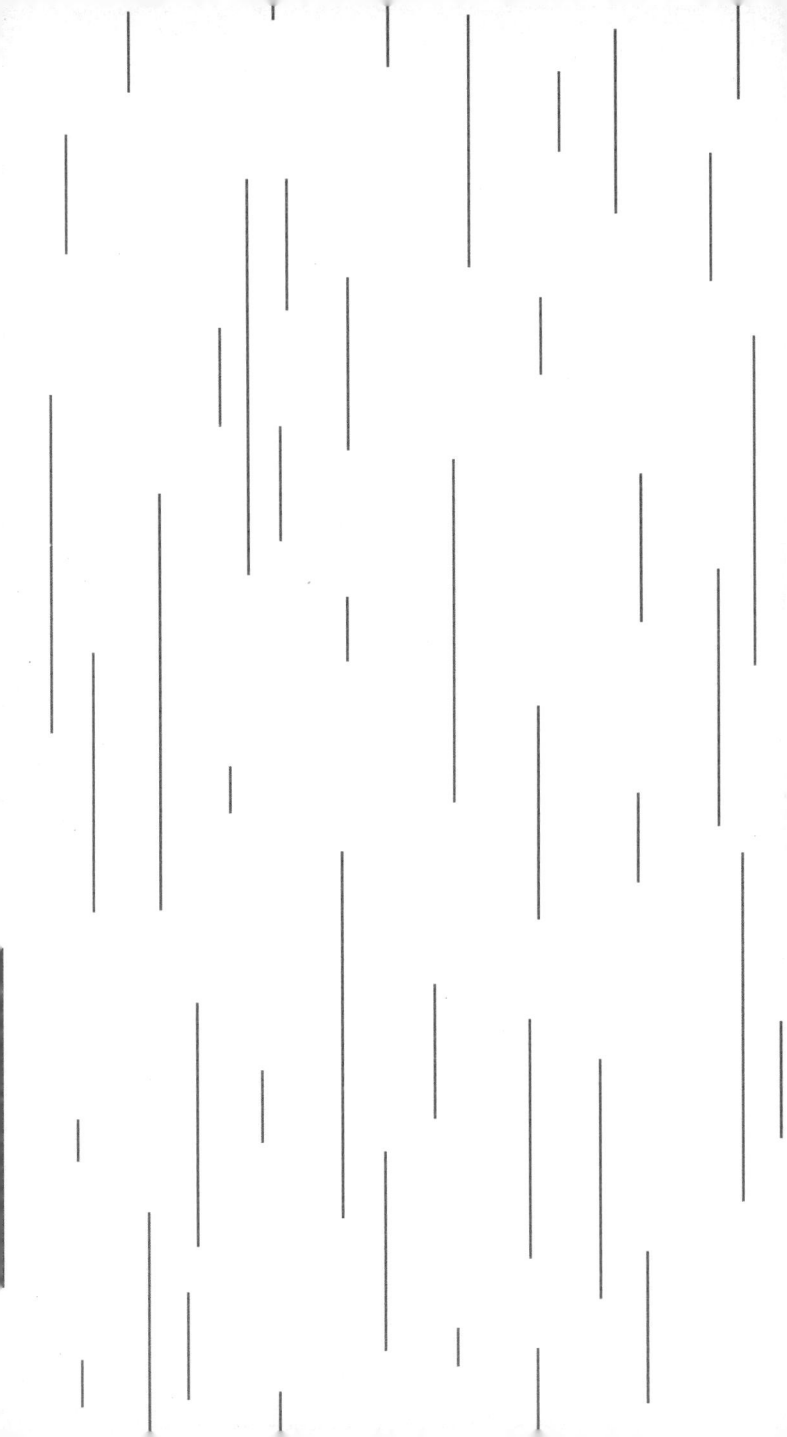

해답은 없다

마음은 이름을 붙일 수 없다.
마음은 단정짓거나 특정할 수 없다.
마음은 측량할 수 없다.
마음은 구하거나 소유할 수 없다.

시인이자 영화감독 유하가 만든 2004년 영화 〈말죽거리 잔혹사〉에 나오는 1978년 '정문고등학교'만큼은 아니더라도 내가 고등학교에 입학한 1988년 역시 말랑말랑한 시대는 아니었다. 이듬해 개봉한 〈행복은 성적순이 아니잖아요〉가 또래 관객의 공감을 이끌어냈듯이 출석부에서는 가나다, 운동장에서는 키, 교실에서는 성적으로 줄 세우던 시절이었다.

각양각색의 아이들을 교육이라는 '전형성'으로 뭉갠 시간. 어른들이 다른 일에 열중할 수 있도록 아이들을 한 장소에 모아서 가둬놓는[1] 학교라는 공간에서 다시는 돌아오지 않는 10대를 보냈다고 생각하니 화가 치밀어 오른다(내 친구 명준아, 너도 그렇지?).

그래도 지구는 돈다. 1991년, 대학에 들어갔다. 걸프전이 발발했고, 30년 만에 지방자치제가 부활했고, 명지대생 강경대 구타치사 사건이 발생했고, 프레디 머큐리가 죽었고, 소련이 해체되었고, 팀 버너스리가 월드와이드웹www을 공개했고, SBS가 개국해 신동엽이 인사를 건넸다. 안녕하시렵니까~

1992년, 위안부 문제 해결을 위해 수요 집회가 시작되었고, 내가 운영하는 출판사에 바다 내음 솔솔 나는

---

[1] 폴 그레이엄 지음, 임백준 옮김, 『해커와 화가』, 한빛미디어

소설 『내 마음은 바다에 있어』를 안겨준 오지영 작가가 살고 있는 일산 신도시가 개발되었고, '뉴 키즈 온 더 블록' 내한 공연에서 압사 사고가 발생했고, 『즐거운 사라』의 마광수 교수가 음란문서 제조 혐의로 구속되었고, 빌 클린턴과 김영삼이 대통령에 당선되었고, '넥스트'와 '서태지와 아이들'이 음악판을 뒤흔들었다.

1993년에는 서해훼리호 침몰 사고로 292명이 사망했고, 영화배우 오드리 헵번과 리버 피닉스가 우리 곁을 떠났고, 성철 스님이 입적했다.

1994년 록그룹 '너바나'의 커트 코베인이 자택에서 숨진 채 발견되었고, 넬슨 만델라가 남아프리카공화국 대통령에 당선되었고, 북한의 김일성이 사망했고, 연쇄살인을 저지른 '지존파'가 체포되었으며, 드라마 〈사랑을 그대 품 안에〉로 차인표가 일약 스타가 되었다.

그리고 1995년! "자! 그럼, 어디로 가볼까. 네트NET는 광대해!" 오시이 마모루의 애니메이션 〈공각기동대〉가 개봉했고, 길고 복잡한 프로그램을 작성하는 데 필요한 논리와 집중력, 그리고 인내심[2]을 타고난 빌 게이츠가 내놓은 PC 운영 체제 '윈도우 95'가 발매되었다. 그해, 나는 복학생이 되어(우후훗!) 미학美學을 공부

---

2 빌 게이츠 지음, 안진환 옮김, 『소스 코드: 더 비기닝』, 열린책들

했다.

(지금은 사라진) 종로서적에서 읽고 또 읽은 예술과 철학이라는 활자, (역시 사라진) 종로 코아아트홀과 대학로 동숭 아트시네마에서 보고 또 보았던 짐 자무시와 안드레이 타르코프스키와 왕가위와 허우 샤오시엔의 영상, 소셜 미디어에 의해 편향되거나 왜곡되지 않아서 궤적을 정확하게 추적[3]할 수 있었던 (올드) 미디어.

삐거덕삐거덕 덜커덩덜커덩. 대중문화와 기술과 인문학의 트라이앵글을 서툴게나마 합주했던 시간 덕분에 미술 기자로 일하고, 대학에서 강의하고, 큐레이터로 전시를 기획하고, 글과 이미지를 모으고[編] 엮는[集] 자로 일하며 아름다움[美]의 언저리를 떠나지 않았다.

돌이켜보면 내가 한 것은 아무것도 없었다. 애송이 미술 기자의 좌충우돌을 미술계 전체가 다 알고 있었고, 어설픈 편집자의 시행착오를 출판계 전체가 다 보고 있었던 시절 덕분이었다. 그런 시절이 있었다. 운칠기삼, 아니 운구기일運九技一. 나는 행운아였다.

아름다움이란 무엇일까.

무엇을 바라는 것일까에 대한 대답일 수도 있고, '쾌

---

3 척 클로스터만 지음, 임경은 옮김, 『90년대』, 온워드

快'라는 감각의 카테고리일 수도 있겠다.

움베르토 에코가 『미의 역사』와 『추의 역사』를 동시에 저술했듯이 아름다움은 미추美醜를 가리지 않는다. 시대와 세상의 '파동'에 따라 아름다움은 늘 유동적이었다. 그 속에는 '감각'이라는 항목도 들어 있지 않을까 조심스럽게 웅얼거린다.

감각이란 무엇일까.

1925년에 태어나 1995년에 생을 마감한 질 들뢰즈의 『감각의 논리』를 인용한다.

고대 그리스에서 감각 또는 지각은 아이스테시스aisthesis로 불렸다. 아이스테시스의 입지는 단단하지 않았다. 고대에는 감각 세계 너머에 있는 실재이자 사물의 원형인 이데아에 우위를 내주었고, 중세에는 쾌락이라는 이유로 죄로 여겨졌으며, 근대에는 이성의 하부 단위에 머물러야 했다.

들뢰즈는 아이스테시스를 이성의 바탕에서 작동하는 근원적인 능력으로 삼았다. 들뢰즈는 감각sensation과 지각perception을 구별했다.

지각이란 무엇일까. 감각기관이 받아들인 정보를 '정신'으로 퍼 올린 인식론적 현상이다. 감각이란 무엇일까. 감각기관에서 '몸'으로 내려가는 존재론적 현상이다.

들뢰즈 이전에는 달랐다. 18세기 미학의 창시자 바

움가르텐은 감각을 '인식론적'으로 구원했다. 그건 철학자 모리스 메를로 퐁티도 마찬가지여서 그림 속 부분이 서로 맞지 않는 세잔의 그림에서 '체험된 원근법'을 설정했다.

고정된 정신의 눈이 아니라 움직이는 육체의 눈으로 바라보기. 지각을 행동 속에서 '체험'하는 것으로 여긴 퐁티의 생각은 획기적이었으나 인식론적 현상을 넘어서지 못했다. 감각을 지각으로 바라본 '근대'적 시각에 머물렀다.

들뢰즈는 감각을 '존재론적'으로 구원했다. 그는 대상과 주체를 구별하지 않았다. 감각은 인식(정신)을 위해서가 아니라 욕망(몸)을 위해 존재한다. 감각은 인간의 몸과 외부 환경을 연결한다. 연결의 순간, 감각은 세계(사상)가 주어지는 근원적 사건으로 자리 잡는다.

사건! 감각은 세계가 인간에게 주어지는 방식이었다. 동시에 인간이 세상에 존재하는 방식이었다. 인식에서 감각으로, '현대'의 시작이었다.

오랫동안 미술은 '재현'에 매달렸다. 사람과 장소와 사물을 그대로 본뜨는 재현은 대상과 이미지의 관계를 벗어나지 못했다.

닮음! 들뢰즈는 근대와 현대의 분기점을 '재현성'에 두었다. 이미지의 닮음에 머무느냐, 그것을 끊느냐, 그

것이 문제였다.

들뢰즈에게 눈은 단순히 보는 도구가 아니었다. 그에게 눈은 '만지는' 감각이었다. 바로 그때, 이미지와 이미지 사이의 '이야기'를 끊는 베이컨의 그림이 출현했다. 구상도 아닌 추상도 아닌, 두뇌를 통과하지 않고 인간의 신경에 직접 작용하는 그림. 데생 없이 곧바로 그리고, 손으로 물감을 뿌리거나 문질러 '우연'의 효과를 도입한 베이컨의 그림은 '감각의 논리' 그 자체였다.

구글에 베이컨을 입력하자. 그의 그림을 응시하자. 그림의 빈 곳을 채우는 단색 배경, 형상을 고립시키는 트랙과 동그라미와 유리 상자, 그 안에 세워진 기괴한 형상. 요소들의 균형 또는 충돌을 오래 바라보자.

베이컨은 그림이 그려지는 순백의 종이를 경계했다. 텅 빈 종이의 표면에 떠오르는 고정적인 이미지를 혐오했다. 구상이든 추상이든 화가가 대포와 탱크를 그리면 감상자는 전쟁을 떠올리기 마련이다.

베이컨은 그 연상을 끊었다. 그림 속 형상이 서로 이야기를 맺지 못하도록 격리했다. '이야기'로 돌아가지 않는 그림. 재현은 단절되고 서사성은 파괴되었다.

본래 그림은 보는 자가 '시각'으로 대상을 관조한다. 그러나 베이컨의 그림은 '촉각'으로 '체험'된다. 신체, 촉각, 충격. 베이컨에게 그림은 그리는 자와 보는 자의 '몸'이었다.

몸! 베이컨에게 그림은 '동물-되기'다. 동물-되기란 동물의 수준으로 돌아가는 퇴행이 아니다. 인간이 아닌 다른 존재와의 '접속'을 통해 존재의 지평을 창조적으로 넓히는 일이다.

베이컨은 인간과 동물을 구별하는 기준을 '얼굴'로 간주했다. 얼굴 없는 머리. 베이컨은 얼굴을 지웠다. 기관 없는 신체. 그리고 '몸'마저 제거했다. 이성의 기준으로 세상을 바라보고 구별하는 인간을 해체했다.

'기관 없는 신체'라는 말은 기관(장기)의 기능에 구속되지 않는 신체, 기관으로 분할되지 않은 자유롭고 해방된 몸, 정신과 육체가 하나로 통합된 구원받은 몸4을 가리킨다.

몸이 지워진 인간은 무의미하다. 그렇다고 존재의 의미가 완전히 사라지지 않는다. 인간일 수도 있고, 고깃덩어리일 수도 있으며, 아무것도 아닐 수도 있다. 무의미와 의미가 동시에 교차하는 그림 속에서 그리는 자와 바라보는 자는 '모든' 의미를 담을 수 있었다. 아하!

격리의 힘으로, 변형의 힘으로, 흩뜨리는 힘으로. 베이컨을 기점으로 미술은 '눈'이라는 근대성의 옷을 벗고 '감각'이라는 현대성의 새 옷으로 갈아입었다. 눈에

---

4 홍한별 지음, 『흰 고래의 힘에 대하여』, 위고

보이는 대상을 재현하는 단계에서 '보이지 않는 존재'를 감각하는 단계로 이행했다. 미술의 쇄신이었다.

아이고~ 감각을 이야기하다 보니 여기까지 흘렀다. 알량한 정보로 아름다움을 논하다니 나의 존재가 와르르 무너져 내린다. 모든 것이 무너지는 최후의 순간이 왔을 때 미학 말고는 달리 남는 게 없다[5]지만, 부끄러움을 숨길 수 없다.

'눈'이라는 근대성은 '몸'이라는 현대성으로 전이했다. 그렇다면 인간의 감각을 기계와 기술이 대체한 초현대를 살아가는 우리는 무엇을 이야기해야 할까.

감각기관이 받아들인 정보를 정신으로 퍼 올린 지각知覺, 감각기관에서 몸으로 내려가는 감각感覺, 그것을 초월하는 '거울처럼 비추어 깨닫는' 감각鑑覺으로 시대를 관조하면 어떨까.

> 거울에 뭘 갖다 대면 거울은 그대로 비춰.
> 거울 앞에 있는 물건을 치우면 더 이상
> 아무것도 비추지 않아. 거울은 아무것도
> 붙들지 않아. 이걸 '비추는 마음'이라고 해.

---

5 『에세이즘』

생각을 따르지 않으니까 업을 만들지 않지.[6]

거울 감鑑. 고요히 앉아서 참선하는 선禪에서는 마음을 거울에 비추어 바라본다. 마음이란 무어라 이름을 붙일 수도 없고, 단정하거나 특정할 수 없으며, 측량할 수 없어서 구하거나 소유하거나 얻을 수 있는 것이 아니[7]어서다.

마음은 연마하거나 수련하는 대상이 아니라는 가르침. 오직 맑은 마음 상태를 지키면 올바른 행동이 자연스레 나온다[8]는 깨달음. 명상은 일정한 자세를 취하며 호흡을 가다듬는 일에 그치지 않는다. 마음의 흐름을 정지시키거나 마음을 직시[9]하는 일이다.

낮과 밤, 해와 달, 삶과 죽음, 인간과 자연, 인간과 기술…… 우리는 대상과 대상, 개념과 개념을 떨어뜨려 바라본다. 마음으로 세상을 구분한다.

아니다. 일면불日面佛 월면불月面佛, 해님도 부처이고 달님도 부처다. 해와 달은 함께 떠 있다. (바람 때문에 일어나는) 파도도 물이고 바다도 물[10]이다. 이것도 해

---

6 조해인 지음, 『단독 수행』, 해냄
7 현각 엮음, 양언서 옮김, 『부처를 쏴라』, 김영사
8 『부처를 쏴라』
9 『단독 수행』

해답은 없다

답이고 저것도 해답이다. 모든 화두에는 정해진 답이 없다.

들뢰즈의 원초적 감각과 참선으로 본성을 구명하는 선종禪宗의 감각. 나는 세상을 감각感覺하고 감각鑑覺하고 싶다. 몸과 마음을 간섭하는 숱한 이미지로부터 빠져나오고 싶다. 근대적 리얼리티를 극복하고 감각하는 몸을 통해 눈에 보이지 않는 리얼리티를 구원했던 들뢰즈처럼, "말할 수 없는 것에 대해서는 침묵해야 한다"는 비트겐슈타인처럼, "조용한 눈으로 보면 만물이 모두 자득自得하고 있다"(마쓰오 바쇼)는 짤막한 하이쿠처럼.

나의 미학이다.

10　전호근 지음, 『한국철학사』, 메멘토

그렇게 어른이 된다

사랑은 낙하산이다.
최대한 안전하게, 천천히 내려간다.
두 발로 착지해 다시 일어설 때까지
필사적으로 줄을 놓지 않는다.

오십을 넘기니 조금이나마 사람 노릇을 해야겠다는 생각이 든다. 파릇파릇한 젊은이들과 잘나가는 누군가의 인생에 묻어가고 싶은 욕망을 거둔다. 나이 들어 물러난 자, 나처럼 혼자 이렇게 달라져 있는 자들을 무심히 돌아본다. 다짐과 의지가 헐겁고 엉성하더라도 누군가의 인생에 단단한 보탬이 되려 한다.

아무것도 가진 게 없는 나를 삶의 무대로 이끈 사람들. 어느 순간, 어떤 연유로 관계 목록에서 지웠던 이름을 부른다. 먹고살게 되었다는 이유로 모른 척했던 나의 게으름을 반성한다. 나는 참 나쁜 놈이(었)다.

인생은 곧 인연이다. 인연으로 시작하여 인연으로 맺는다. 살며 인연을 벗어날 수 없다. 소중히 여겨야 한다.

그렇다고 집착해서도 안 된다. 인연은 〈봄날은 간다〉처럼 흐른다. 라면…… 먹고 갈래요? 인연이 오면 편안히 받아들인다. 어떻게 사랑이 변하니? 인연이 가면 웃으면서 배웅[1]한다.

스무 살부터 부모와 떨어져 산 나는 가끔 찾아뵙는 일로 자식 도리를 겨우 해왔다. 뭐가 그리 잘났다고, 뭐가 그리 중요한 일을 한다고 자주 찾아뵙지 못했을

---

[1] 스야후이 지음, 장연 옮김, 『소동파 선(禪)을 말하다』, 김영사

까. 말줄임표로 대신했던 비겁한 시간. 엄마야~ 나는 왜~ 자꾸만 슬퍼지지~ 엄마야~ 나는 왜~ 갑자기 울고 싶지~ 볼품없는 시간을 돌아보니 억장이 무너진다.

네다섯 시간을 운전해 부모님을 찾는다. 어머니가 차려준 밥을 먹는다. 호오 호오[2], 어머니는 아직도 음식을 식혀주신다. 애정이 깊은 잔소리를 반찬 삼는다.

수술을 마친 두 분의 걸음걸이를 살핀다. 하룻밤 묵고 용돈을 드리고 길을 나선다. 갈 때마다 늙어가는 모습에 속이 미어지다가도, 아직 찾아갈 수 있음에 깊이 위로받는다.

부모의 남은 시간을 동행한다. 고맙습니다, 고맙습니다, 고맙습니다…… 마음속으로 '고맙습니다'를 열 번씩 되새긴다. 흑백으로 바랜 젊은 시절을 응시한다. 많이 찍어두시지. 영상이 없던 그 시절을 원망한다.

어느덧 세상을 쫓아가지 못하는 이에게 따뜻한 밥 한 그릇 대접한다. "사름(사람) 혼자 못 산다이. 고치(같이) 글라(가자), 고치 가. 고치 가믄 백리 길도 십 리 된다." 폭싹 속았수다! 마음속으로 '수고했어요'를 열 번씩 건넨다. 당신은 생각만큼 약하지 않아요. 응원하고 또 응원한다.

---

[2] 박완서 지음, 『모래알만 한 진실이라도』, 세계사

바닥이 어딘지 가늠이 안 되는 지하[3]로 고꾸라지는 여린 영혼을 힘껏 붙잡는다. 사랑은 낙하산이다. 최대한 안전하게, 천천히 내려간다. 두 발로 착지해 다시 일어설[4] 때까지 필사적으로 줄을 놓지 않는다. 사랑은 이로운 것을 바라지 않는다.[5]

시간이 없다. 시간은 우리를 쓸쓸하게 만든다. 시간을 앞지를 기력이 없어지기[6] 전에 서둘러야 한다. 각자의 방식으로 꿋꿋이 살아남은 인연을 무표정한 얼굴로 지나쳐서는 안 된다.

"나는 사랑하고 있을까? 그래, 기다리고 있으니까!"[7]

사랑의 핑계는 넘쳐난다. 벚꽃이 환해요, 파도 소리가 흥건해요, 새벽 세 시 바람이 부나요? 아이스크림이 1+1이에요…… 사랑은 상대방이 알아채는 거짓말에서 피어난다. 눈이 부시게 푸르른 날은 그리운 사람을 그리워해야 한다. 초록이 지쳐 단풍 들 무렵 후회해서는 안 된다.

속절없다. 언젠가 막다른 길에 발걸음이 멈출 것이

---

[3] 오지영 지음, 『아픔이 내가 된다는 것』, 파이퍼프레스
[4] 『아픔이 내가 된다는 것』
[5] 이병률 지음, 『그리고 행복하다는 소식을 들었습니다』, 달
[6] 『밥벌이의 지겨움』
[7] 요한 볼프강 폰 괴테 지음, 박찬기 옮김, 『젊은 베르테르의 슬픔』, 민음사

다. 삶은 여행이니까, 언젠가 끝나니까.

　인생의 집대성과 총결산. 시작과 끝을 구별할 수 없는 아득한 소실점. 별수 없다. 그 길이 어디메라도 용기를 내야 한다. 누군가 그 용기를 기억한다면 생의 마지막 포말이 더없이 눈부시리라.

　그마저도 무상이리라.
　그래도 진실하리라.

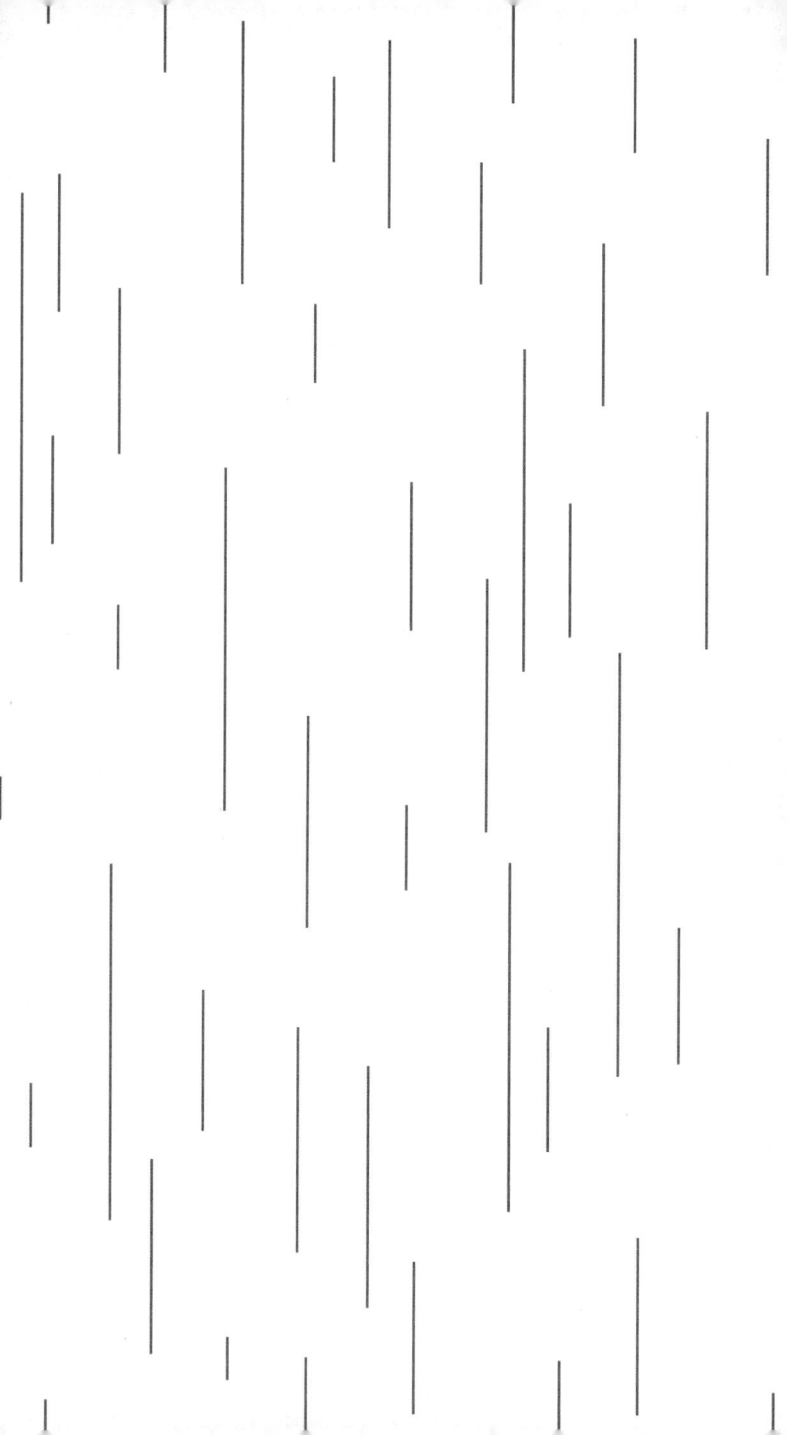

나가며

언젠가 소설가 무라카미 하루키는 와타나베 도오루라는 청년의 편력기를 250매 정도의 가벼운 소설로 쓸 예정이었는데, 쓰기 시작하니 멈출 수가 없어서 결국 장편이 되어버렸다고 고백했다.

그 작품이 바로 하루키의 대표작 『노르웨이의 숲』이다. 쓰기 시작하니 멈출 수 없어서, 더는 쓰지 않아도 되는, 한없이 부러운 이야기다.

나는 책을 좋아한다. 책을 읽는 일로 하루를 보낸다. 나는 책을 두려워한다. 먹고사는 일을 책에 의지하느라 몸과 마음이 노곤하다. 잘하는 일이 아닌, 좋아하는 일로 돈을 버는 자의 업보다.

누군가 "책을 만드는 일이 좋으세요?"라고 물으면 0.03초 만에 대답한다. 없어요!

"정말요?"라고 귀찮게 굴면 노래방으로 이끈다. 금영 엔터테인먼트 곡 번호 1481, 조용필의 〈그 겨울의 찻집〉을 부른다. 아아~ 웃고 있어도 눈물이 난다~

화면을 스크롤하고 스트리밍하는 시대. 바야흐로 모든 정보와 지식이 흐르는 시대에 생각을 보관하는 책은 답답해 보인다.

 아니, 책이 무슨 잘못이랴. 주체적이지도 않고, 타인과 협업하지도 않고, 활발하게 소통하지도 않고, 일찌감치 앞장서 뛰어가는 스펙터클한 문화 생산물에 겁을 먹고 도망치는 내가 문제 아니던가.

 두 번째 책을 마무리한다.

 다음 책에서는 삶을 해독하는 실마리를 건질 수 있을까. 마음의 중심을 묵직하게 잡으면서도 삶을 유연하게 바라볼 수 있을까. 덜컥덜컥 흔들리는 문장을 질서 정연하게 정돈할 수 있을까. 쉬운 말을 비틀어서 어렵게 쓰는 고질병이 나아질까. 빠르게 스트리밍되는 콘텐츠에서 잠시 피신하고 싶은 독자의 마음에 들 수 있을까.

 안절부절. 내가 이토록 서투른 사람이었나. 추억이 소중한 이유~ 흐름 속에 머물러 있다는 것~ 어언간於焉間, 어찌어찌하는 사이에 어중간於中間한 처신으로 면피하는 자는 혼잣말을 반복할 뿐이다.

 김종성이라는 건축가가 있다. 일찍이 미국에 건너가

일리노이대학 공대에서 공부하고, 'Less is more(간결한 것이 더 아름답다)'라는 명언을 남긴 미스 반 데어 로에를 사사한 걸출한 건축가다.

서울 역사박물관, 서울 서린동 SK 사옥, 경주 선재미술관(우양미술관), 부산 파라다이스호텔이 그의 조감도 아래 지어졌다. 남산의 아름다움과 절묘하게 어우러진 힐튼 호텔은 그의 이정표(였)다.

알다시피 힐튼 호텔이 문을 닫았다. 호텔을 인수한 부동산 투자회사가 건물을 허물고 대규모 복합단지를 짓고 있다.

놀라운 일이 아니다. 허물고 짓는 일이야말로 이 나라의 주특기니까. 그러나 한 건물의 명멸을 넘어 이 땅의 근대와 현대의 '간격'을 가늠한 랜드마크가 시간의 잔해로 남는다는 소식에 마음이 아스라해지는 건 어쩔 수 없다. 하물며 건축가의 마음이란.

아니다. 시정잡배의 사사로움일 뿐이다. "당신이 설계한 힐튼 호텔이 문을 닫습니다. 소회가 궁금합니다"를 묻는 언론의 상투적인 질문 앞에서 여든을 훌쩍 넘긴 건축가는 담담히 말한다.

살아보니 건축은 물론 인생에 '정답'은 없노라고, 함께 일하고 함께 살아가는 세상에서 어떤 부분은 양보하고, 어떤 부분은 강력하게 밀어붙이면서 최선을 찾아 '절충'할 수밖에 없다고, 그것이 건축이자 인생이라고. 소인배의 싸구려 감상이 부끄러워지는 명품 대답이다.

인터뷰를 마치며 기자는 자신이 설계한 건물의 건축 연도는 물론 기둥 사이 간격까지 정확히 기억하는 건축가의 비결을 궁금해했다. 선생의 대답은 그의 건축물처럼 간결했다.

> "선별적 기억과 선별적 망각. 필요한 것은 머리에 넣고 불필요한 것은 넣지 않으려고 해요."[1]

절충과 선별, 근사치와 최대치, 차선과 최선의 간격을 측정하여 '최적'을 찾는 과정에 무릎을 꿇는다.

어떤 이는 짓기 위해 최선을 다하고, 어떤 이는 허물

---

[1] 《조선일보》, 2021년 12월 11일.

려고 힘을 모은다. 질서를 지향하는 아폴론적인 형식과 카오스를 지향하는 디오니소스적인 에너지의 맞버팀[2]에서 드라마가 연출된다.

나는 짓는 자일까, 허무는 자일까. 질서에 안도하는 자일까 카오스에 희열을 느끼는 자일까. 동일성과 차이, 움직임의 에너지와 멈춤의 억제. 그 간격에서 힘을 빼는 일은 힘을 키우는 일보다 어렵다[3]는 인생의 도를 조금씩 깨닫는다.

나의 방식으로 꿋꿋이 살아남기. 글을 쓰기 시작하니 멈출 수 없는, 책을 만들기 시작하니 멈출 수 없는…… 한없이 부러운 이야기가 나에게도 결국 찾아올 것이다.

p.s. 구원을 열망하는 인간의 노력. 단테 알리기에리는 『신곡』 '지옥편' 제16곡 129행에서 자신의 "'희극'의 구절들이 오래 호감을 얻기 바란다"고 읊었다. 내 글도 오래 호감을 얻기를 소망한다.

---

[2] 지바 마사야 지음, 김상운 옮김, 『현대사상 입문』, arte(아르테)
[3] 『노인력』

글을 쓰며 읽은 책들

들어가며

찰스 핸디 지음, 이종인 옮김, 『코끼리와 벼룩 - 직장인들에게 어떤 미래가 있는가』, 모멘텀
다니엘 핑크 지음, 석기용 옮김, 『프리에이전트의 시대(가 오고 있다)』, 에코리브르
제러미 리프킨 지음, 이희재 옮김, 『소유의 종말』, 민음사
이승우 지음, 『고요한 읽기』, 문학동네
슬라보예 지젝 지음, 노윤기 옮김, 『자유 - 치유할 수 없는 질병』, 현암사
브라이언 딜런 지음, 김정아 옮김, 『에세이즘』, 카라칼
이성복 지음, 『나는 왜 비에 젖은 석류 꽃잎에 대해 아무 말도 못 했는가』, 문학동네
문광훈 지음, 『가장의 근심』, 에피파니
사토 아이코 지음, 장지현 옮김, 『이왕 사는 거 기세 좋게 - 보여줄게 100세의 박력, 100세의 해피엔드 인생법』, 위즈덤하우스

적당한 외로움

스즈키 순류 지음, 정창영 옮김, 『선심 초심 - 어떻게 선 수행을 할 것인가』, 김영사
에릭 와이너 지음, 김하현 옮김, 『소크라테스 익스프레스 - 철학이 우리 인생에 스며드는 순간』, 어크로스
이지형 지음, 『저 산은 내게』, 북노마드
임어당 지음, 박병진 옮김, 『생활의 발견』, 육문사

인생의 원형

질 리포베츠키 지음, 이재형 옮김, 『가벼움의 시대 - 우리 시대를 지배하는 가벼운 것의 문명』, 문예출판사
모건 하우절 지음, 이수경 옮김, 『불변의 법칙 - 절대 변하지 않는 것들에 대한 23가지 이야기』, 서삼독

숫자에 흔들리는 사람들

폴 퀴네트 지음, 공경희 옮김, 『인생의 어느 순간에는 반드시 낚시를 해야 할 때가 온다 - 낚싯대로 건져 올린 인생 이야기』, 바다출판사
한병철 지음, 전대호 옮김, 『사물의 소멸 - 우리는 오늘 어떤 세계에 살고 있나』, 김영사
베른트 하인리히 지음, 조은영 옮김, 『뛰는 사람 - 달리기를 멈추지 않는 생물학자 베른트 하인리히의 80년 러닝 일지』, 윌북
제니 오델 지음, 김하현 옮김, 『아무것도 하지 않는 법』, 필로우
한병철 지음, 최지수 옮김, 『서사의 위기 - 스토리 중독 사회는 어떻게 도래했는가?』, 다산초당
파울 첼란 지음, 전영애 옮김, 『죽음의 푸가』, 민음사

일의 진화

프랭클린 포어 지음, 박상현·이승연 옮김, 『생각을 빼앗긴 세계 - 거대 테크 기업들은 어떻게 우리의 생각을 조종하는가』, 반비
다치카와 에이스케 지음, 신희라 옮김, 『진화사고 - 살아남는 콘셉트를 만드는 생각 시스템』, 흐름출판
신준환 지음, 『다시, 나무를 보다 - 전 국립수목원장 신준환이 우

리 시대에 던지는 화두』, 알에이치코리아(RHK)

깊이 일하라

칼 뉴포트 지음, 김태훈 옮김, 『하이브 마인드-이메일에 갇힌 세상』, 세종서적
칼 뉴포트 지음, 김태훈 옮김, 『딥 워크-강렬한 몰입, 최고의 성과』, 민음사
나카무라 쓰네코 지음, 정미애 옮김, 『내일을 위해 사느라 오늘을 잊은 당신에게-90세 현직 정신과 의사의 인생 상담』, 21세기북스
김훈 지음, 『너는 어느 쪽이냐고 묻는 말들에 대하여』, 생각의나무
나카지마 요시미치 지음, 박미옥 옮김, 『일하기 싫은 당신을 위한 책-왜 일을 하고 살아야 하는가?』, 신원문화사
호보닛칸이토이신문 엮음, 오연정 옮김, 『이와타씨에게 묻다-닌텐도 부활의 아이콘』, 이콘
찰스 핸디 지음, 강주헌 옮김, 『삶이 던지는 질문은 언제나 같다』, 인플루엔셜
권성민 지음, 『직면하는 마음』, 한겨레출판
윤지영 지음, 『WHY-돈, 직업, 시간 그리고 존재를 묻다』, 이데아
윌 페이지 지음, 이수경 옮김, 『타잔 경제학-변화와 생존을 위한 8가지 경제 원칙』, 한국경제신문

다르게, 다르게

도쿄R부동산, 바바 마사타카, 하야시 아쓰미, 요시자토 히로야 지음, 정문주 옮김, 『도쿄R부동산 이렇게 일합니다』, 정예씨
오시이 마모루 지음, 장민주 옮김, 『철학이라 할 만한 것-오시이

마모루가 바라본 인생과 영화』, 원더박스
구스노키 켄 지음, 노경아 옮김, 『좋을 대로 하라! 단 하나의 일의 원칙 1』, 미래지향
다니엘 핑크 지음, 석기용 옮김, 『프리에이전트의 시대가 오고 있다』, 에코리브르

최종병기 인간 (1)

이진경 지음, 『설법하는 고양이와 부처가 된 로봇』, 모과나무

최종병기 인간 (2)

마이클 올드리지 지음, 김의석 옮김, 『괄호로 만든 세계 - 옥스퍼드대 교수가 집약한 의식기계의 차가운 미래』, 알에이치코리아(RHK)
마커스 드 사토이 지음, 박유진 옮김, 『창조력 코드 - 인공지능은 왜 바흐의 음악을 듣는가?』, 북라이프
후쿠시마 료타 지음, 안지영 옮김, 『나선형 상상력 - 헤이세이 일본 문학의 문제군』, 리시올
카렌 암스트롱 지음, 정영목 옮김, 『축의 시대 - 종교의 탄생과 철학의 시작』, 교양인
조경숙·한지윤 지음, 『AI 블루 - 기술에 휩쓸린 시대를 살아가는 마음들』, 코난북스

넉넉함이란 무엇일까

마이너 리뷰 갤러리 지음, 『오타쿠의 욕망을 읽다 - 다음 트렌드를 주도하는 사람들』, 메디치미디어

오하라 헨리 지음, 안민희 옮김, 『가급적 일하고 싶지 않은 사람들을 위한 돈 이야기』, 북노마드
거스 쿤 지음, 『사토시 테라피』, 디애셋
야마구치 슈 지음, 김윤경 옮김, 『비즈니스의 미래』, 흐름출판
사토시 나카모토 지음, 필레몬·바우키스 옮김, 『비트코인 백서 해설 - 개인 대 개인 전자 화폐 시스템』, 필레우시스
어슐러 K. 르 귄 지음, 진서희 옮김, 『남겨둘 시간이 없답니다』, 황금가지
윤지영 지음, 『WHY - 돈, 직업, 시간 그리고 존재를 묻다』, 이데아
웨인 다이어 지음, 신종윤 옮김, 『치우치지 않는 삶 - 웨인 다이어의 노자 다시 읽기』, 나무생각

느슨하게 출판하기

아즈마 히로키 지음, 조영일 옮김, 『존재론적, 우편적』, b
퍼트리샤 마이어 스팩스 지음, 이영미 옮김, 『리리딩』, 오브제
김수영 시, 「책」
진은영 지음, 『나는 세계와 맞지 않지만』, 마음산책
아카세가와 겐페이 지음, 서하나 옮김, 『노인력』, 안그라픽스
아즈마 히로키 지음, 안천 옮김, 『약한 연결』, 북노마드
아즈마 히로키 지음, 안천 옮김, 『느슨하게 철학하기』, 북노마드
아즈마 히로키 지음, 안천 옮김, 『관광객의 철학』, 리시올
아즈마 히로키 지음, 김경원 옮김, 『정정 가능성의 철학』, 메디치미디어
아즈마 히로키 지음, 안천 옮김, 『정정하는 힘』, 메디치미디어
아즈마 히로키 지음, 지비원 옮김, 『지知의 관객 만들기 - 어느 철학자의 경영 분투기』, 메멘토

언제까지 성장해야 하나요?

김훈 지음, 『밥벌이의 지겨움』, 생각의나무
다이고쿠 다케히코 지음, 『가상사회의 철학』, 산지니
거스 쿤 지음, 『사토시 테라피』, 디애셋
우석훈 지음, 『슬기로운 좌파생활』, 오픈하우스
사다카네 히데유키 지음, 남상욱 옮김, 『현대 일본의 소비 사회』, 연두
마크 피셔 지음, 박진철 옮김, 『자본주의 리얼리즘 - 대안은 없는가』, 리시올
정운영 지음, 『시선』, 생각의힘
사이토 고헤이 지음, 김영현 옮김, 『지속 불가능 자본주의』, 다다서재
크리스틴 케르델랑 지음, 배영란 옮김, 『정부 위에 군림하는 억만장자들 - 거대 자본으로부터 삶의 주도권을 되찾아오는 법』, 갈라파고스
모건 하우절 지음, 이지연 옮김, 『돈의 심리학』, 인플루엔셜
시라이 사토시 지음, 오시연 옮김, 『삶의 무기가 되는 자본론 - 혁명을 일으킬 생각은 추호도 없지만 어딘가 이상한 세상을 헤쳐나가기 위하여』, 웅진지식하우스
김누리 지음, 『우리의 불행은 당연하지 않습니다』, 해냄

가능성이라는 거짓말

그렉 맥커운 지음, 김미정 옮김, 『최소 노력의 법칙 - 더 쉽고, 더 빠르게 성공을 이끄는 힘』, 알에이치코리아(RHK)
나카지마 요시미치 지음, 심정명 옮김, 『비사교적 사교성 - 의존하지 않지만 고립되지도 않게』, 바다출판사

사이토 고헤이 지음, 정성진 옮김, 『제로에서 시작하는 자본론』, arte(아르테)

사카이 조 지음, 정재혁 옮김, 『자기계발은 집어치우고 당장 철학을 시작하라』, 파르페북스

문광훈 지음, 『미학 수업』, 흐름출판

질 들뢰즈 지음, 이정하 옮김, 『소진된 인간』, 문학과지성사

시그리드 누네즈 지음, 홍한별 옮김, 『우리가 사는 방식』, 코쿤북스

김연수 지음, 『시절일기-우리가 함께 지나온 밤』, 레제

행운에 속지 마라

나심 니콜라스 탈레브 지음, 이건 옮김, 『행운에 속지 마라』, 중앙북스

나심 니콜라스 탈레브 지음, 안세민 옮김, 『안티프래질-불확실성과 충격을 성장으로 이끄는 힘』, 와이즈베리

나심 니콜라스 탈레브 지음, 김원호 옮김, 『스킨 인 더 게임-선택과 책임의 불균형이 가져올 위험한 미래에 대한 경고』, 비즈니스북스

토머스 L. 프리드먼 지음, 장경덕 옮김, 『늦어서 고마워-가속의 시대에 적응하기 위한 낙관주의자의 안내서』, 21세기북스

인생은 운이다

다부치 나오야 지음, 황선종 옮김, 『확률적 사고의 힘-주식 투자부터 기업 경영까지 불확실성에 대처하는 승자의 철학』, 에프엔미디어

사쿠라이 쇼이치 지음, 김현화 옮김, 『운을 지배하다-이기는 운

을 만드는 고수의 생각법』, 프롬북스
김정운 지음, 『바닷가 작업실에서는 전혀 다른 시간이 흐른다-슈필라움의 심리학』, 21세기북스

무한 게임의 주인공

제임스 P. 카스 지음, 노상미 옮김, 『유한 게임과 무한 게임-인생이라는, 절대 끝나지 않는 게임에 관하여』, 마인드빌딩
안드레아 콜라메디치, 마우라 간치타노 지음, 최보민 옮김, 『모든 삶은 빛난다-허무하고 막막한 시대, 두 철학자가 건네는 인생의 지혜』, 시프
오이겐 헤리겔 지음, 정창호 옮김, 『마음을 쏘다, 활-일상을 넘어 비범함에 이르는 길』, 걷는책
가와무라 겐키 지음, 이인호 옮김, 『문과 출신입니다만』, 와이즈베리
마티아스 뇔케 지음, 이미옥 옮김, 『나를 소모하지 않는 현명한 태도에 관하여』, 퍼스트펭귄
앨버트 O. 허시먼 지음, 강명구 옮김, 『떠날 것인가, 남을 것인가-퇴보하는 기업, 조직, 국가에 대한 반응』, 나무연필
사사키 아타루 지음, 안천 옮김, 『이 치열한 무력을-본디 철학이란 무엇입니까?』, 자음과모음

나는 옛날 사람

조지 쉬언 지음, 김연수 옮김, 『달리기와 존재하기-육체적, 정신적 그리고 영적 경험으로서의 달리기』, 한문화

나의 친애하는 커피

다이보 가쓰지, 모리미츠 무네오 지음, 윤선해 옮김, 『커피집』, 황소자리
시미즈 히로유키 지음, 『커피 내리며 듣는 음악』, 워크룸 프레스
마쓰나미 고도 지음, 최성호 옮김, 『백팔번뇌 이야기』, 바다출판사

걸어도 걸어도

존 마에다 지음, 현호영 옮김, 『단순함의 법칙 - 비즈니스, 기술, 인생을 단순하게 디자인하는 법』, 유엑스리뷰
이진경 지음, 『설법하는 고양이와 부처가 된 로봇』, 모과나무
김연수 지음, 『시절일기 - 우리가 함께 지나온 밤』, 레제
김주환 지음, 『내면소통 - 삶의 변화를 가져오는 마음근력 훈련』, 인플루엔셜
현각 엮음, 허문명 옮김, 『선의 나침반 1』, 열림원
김연수 지음, 『정견』, 터득골
카밀라 팡 지음, 김보은 옮김, 『자신의 존재에 대해 사과하지 말 것』, 푸른숲
조지 쉬언 지음, 김연수 옮김, 『달리기와 존재하기 - 육체적, 정신적 그리고 영적 경험으로서의 달리기』, 한문화

옹졸하고 소심하고 냉철하게

무라카미 류 지음, 유병선 옮김, 『무취미의 권유 - 무라카미 류의 비즈니스 잠언집』, 부키
시게마츠 소이쿠 지음, 유진우 옮김, 『모모도 선禪을 말하다』, 스

타북스

김연수 지음, 『지지 않는다는 말』, 마음의숲

이병률 지음, 『바람이 분다 당신이 좋다』, 달

김지수 지음, 『이어령의 마지막 수업』, 열림원

나는 자유인이다

아즈마 히로키 지음, 안천 옮김, 『느슨하게 철학하기』, 북노마드

김연수 지음, 『지지 않는다는 말』, 마음의숲

알렉산더 폰 쇤부르크 지음, 김인순 옮김, 『폰 쇤부르크 씨의 우아하게 가난해지는 법』, 필로소픽

조지 쉬언 지음, 김연수 옮김, 『달리기와 존재하기-육체적, 정신적 그리고 영적 경험으로서의 달리기』, 한문화

어디에 살고 있나요?

고다 아야 지음, 차주연 옮김, 『나무』, 책사람집

에두아르 코르테스 지음, 변진경 옮김, 『나의 친애하는 숲-나의 작은 오두막, 나의 숲속 해방일지』, 북노마드

이용휴 지음, 박동욱·송혁기 옮김, 『나를 찾아가는 길』, 돌베개

조용헌 지음, 『조용헌의 백가기행』, 디자인하우스

이서진의 타력

이츠키 히로유키 지음, 채숙향 옮김, 『타력』, 지식여행

남회근 지음, 신원봉 옮김, 『주역계사 강의』, 부키

야나기 무네요시 지음, 김호성 옮김, 『나무아미타불』, 모과나무

시절 인연

김갑수 지음, 『어떻게 미치지 않을 수 있겠니? - 김갑수의 살아있는 날의 클래식』, 오픈하우스

스피노자의 1미터

홍대선 지음, 『1미터 개인의 간격 - 내가 행복해지기 위한 최소한의 조건』, 추수밭
슬라보예 지젝 지음, 노윤기 옮김, 『자유』, 현암사
피에르-프랑수아 모로 지음, 김은주·김문수 옮김, 『스피노자 매뉴얼 - 인물, 사상, 유산』, 에디토리얼
신형철 지음, 『몰락의 에티카』, 문학동네

일인칭 단수

후지타 쇼조 지음, 이홍락 옮김, 『전체주의의 시대경험』, 창비
무라카미 류 지음, 한성례 옮김, 『자살보다 섹스 - 무라카미 류의 연애와 여성론』, 자음과모음
마루야마 슌이치 지음, 송제나 옮김, 『개인주의자의 철학 수업』, 지와인
후쿠시마 료타 지음, 안지영 옮김, 『나선형 상상력 - 헤이세이 일본 문학의 문제군』, 리시올
무라카미 하루키 지음, 홍은주 옮김, 『일인칭 단수』, 문학동네
하토오카 게이타 지음, 유재진·남유민 옮김, 『라이트노벨 속의 현대일본』, 역락

저공비행, 높게 날지 않아도 됩니다

하라 켄야 지음, 서하나 옮김, 『저공비행-또 다른 디자인 풍경』, 안그라픽스
나가오카 겐메이 지음, 이정환 옮김, 『디자이너 생각 위를 걷다』, 안그라픽스
나가오카 겐메이 지음, 이정환 옮김, 『디자이너 함께하며 걷다』, 안그라픽스
나가오카 겐메이 지음, 서하나 옮김, 『디자이너 마음으로 걷다』, 안그라픽스
마츠오카 세이고 지음, 박광순 옮김, 『지知의 편집공학』, 지식의숲
마츠오카 세이고 지음, 변은숙 옮김, 『지식의 편집』, 이학사

관광객의 철학

아즈마 히로키 지음, 안천 옮김, 『관광객의 철학』, 리시올
서동욱 지음, 『철학은 날씨를 바꾼다-삶을 쓰다듬는 위안의 책』, 김영사

편집의 미래

정성일 지음, 『언젠가 세상은 영화가 될 것이다-정성일 정우열의 영화편애』, 바다출판사
마이클 루이스 지음, 김찬별·노은아 옮김, 『머니볼-불리한 게임을 승리로 이끄는 기술』, 비즈니스맵
오바라 가즈히로 지음, 이정미 옮김, 『프로세스 이코노미-아웃풋이 아닌 프로세스를 파는 새로운 가치 전략』, 인플루엔셜
가토 게이지 지음, 임경택 옮김, 『편집자의 시대』, 사계절

그렉 맥커운 지음, 김원호 옮김, 『에센셜리즘』, 알에이치코리아(RHK)
릭 루빈 지음, 정지현 옮김, 『창조적 행위-존재의 방식』, 코쿤북스
한승재 지음, 『우리는 더듬거리며 무엇을 만들어가는가』, 어라운드
송승언 지음, 『덕후일기-시간 죽이기』, 현대문학

대화의 힘

마쓰우라 야타로 지음, 신혜정 옮김, 『안녕은 작은 목소리로』, 북노마드
이승우 지음, 『고요한 읽기』, 문학동네
와시다 기요카즈 지음, 길주희 옮김, 『듣기의 철학-고뇌하는 인간, 호모 파티엔스를 만나다』, 아카넷
에릭 와이너 지음, 김하현 옮김, 『소크라테스 익스프레스』, 어크로스
나가이 레이 지음, 김영현 옮김, 『물속의 철학자들-일상에 흘러넘치는 철학에 대하여』, 다다서재

무미 예찬

데구치 하루아키 지음, 서수지 옮김, 『철학과 종교의 세계사-태초부터 인간이 품었던 두 가지 물음에 대한 사상사』, 까치
프랑수아 줄리앙 지음, 최애리 옮김, 『무미 예찬-고요함의 멋과 싱거움의 맛, 담백한 중국 문화와 사상의 매혹』, 산책자
서동욱 지음, 『철학은 날씨를 바꾼다-삶을 쓰다듬는 위안의 책』, 김영사

정운영 지음, 『심장은 왼쪽에 있음을 기억하라』, 웅진지식하우스

빨리 달리면서 오래 달릴 수 있을까

고미숙 지음, 『청년 붓다-바람과 사자와 연꽃의 노래』, 북드라망
남회근 지음, 신원봉 옮김, 『주역계사 강의』, 부키
에두아르 코르테스 지음, 변진경 옮김, 『나의 친애하는 숲-나의 작은 오두막, 나의 숲속 해방일지』, 북노마드

흘러가게 두어라

한스 게오르크 뮐러·폴 J. 담브로시오 지음, 김한슬기 옮김, 『프로필 사회』, 생각이음
시게마츠 소이쿠 지음, 유진우 옮김, 『모모도, 선禪을 말하다』, 스타북스
요시에 마사루 지음, 이정환 옮김, 『돈의 맛-대부업계 회장님이 빚쟁이 영업사원에게 알려주는 진짜 솔직한 돈 이야기』, 포레스트북스
릭 루빈 지음, 정지현 옮김, 『창조적 행위-존재의 방식』, 코쿤북스
아카세가와 겐페이 지음, 서하나 옮김, 『노인력』, 안그라픽스
나가오카 겐메이 지음, 서하나 옮김, 『디자이너 마음으로 걷다』, 안그라픽스

앵콜 요청 금지

고병권 지음, 『철학자와 하녀-하루하루를 살아가는 마이너리티의 철학』, 메디치미디어

나가이 레이 지음, 김영현 옮김, 『물속의 철학자들 - 일상에 흘러넘치는 철학에 대하여』, 다다서재
다카쿠와 가즈미 지음, 노수경 옮김, 『철학으로 저항하다』, 사계절
이정우 지음, 『세계철학사 1 - 지중해세계의 철학』, 도서출판 길
민태기 지음, 『판타 레이』, 사이언스북스
아즈마 히로키·안천 지음, 『철학의 태도』, 북노마드
가라타니 고진 지음, 조영일 옮김, 『철학의 기원』, 도서출판 b
김영민 지음, 『가벼운 고백』, 김영사
이정우 지음, 『세계철학사 2 - 아시아세계의 철학』, 도서출판 길
후쿠시마 료타 지음, 김정복 옮김, 『신화가 생각한다 - 네트워크 사회의 문화론』, 도서출판 기억
이성복 지음, 『나는 왜 비에 젖은 석류 꽃잎에 대해 아무 말도 못했는가』, 문학동네
남궁훈 지음, 『CEO라는 직업 - 내 일과 삶을 경영하는 직장생활 공략집』, 위즈덤하우스
C. 티 응우옌 지음, 이동휘 옮김, 『게임: 행위성의 예술』, 워크룸프레스
비볼트 곰브로비치 지음, 김용석 옮김, 『6시간 15분 철학 강의』, 신북스
김초엽 지음, 『지구 끝의 온실』, 자이언트북스

인생의 때

모리타 마사오 지음, 박동섭 옮김, 『수학의 선물』, 원더박스
오카 기요시 지음, 정회성 옮김, 『수학자의 공부 - 완벽한 몰입을 통해 학문과 인생의 기쁨 발견하기』, 사람과나무사이

카렌 암스트롱 지음, 정영목 옮김, 『축의 시대-종교의 탄생과 철학의 시작』, 교양인
마리나 반 주일렌 지음, 박효은 옮김, 『평범하여 찬란한 삶을 향한 찬사-완벽하지 않아 완전한 삶에 대하여』, 피카(FIKA)

마음껏 사치하라

고쿠분 고이치로 지음, 최재혁 옮김, 『인간은 언제부터 지루해했을까?-한가함과 지루함의 윤리학』, 한권의책
소스타인 베블런 지음, 박홍규 옮김, 『유한계급론-제도 진화의 경제적 연구』, 문예출판사
페터 하프너 지음, 김상준 옮김, 『익숙한 것을 낯설게 바라보기』, 마르코폴로
이정우 지음, 『세계철학사 1-지중해세계의 철학』, 길
지바 마사야 지음, 전경아 옮김, 『센스의 철학-예술과 일상을 더하는 세련된 감각』, 베가북스
찰스 핸디 지음, 이종인 옮김, 『코끼리와 벼룩』, 모멘텀

해답은 없다

폴 그레이엄 지음, 임백준 옮김, 『해커와 화가』, 한빛미디어
빌 게이츠 지음, 안진환 옮김, 『소스 코드: 더 비기닝』, 열린책들
척 클로스터만 지음, 임경은 옮김, 『90년대-깊고도 가벼웠던 10년 간의 질주』, 온워드
질 들뢰즈 지음, 하태환 옮김, 『감각의 논리』, 민음사
홍한별 지음, 『흰 고래의 힘에 대하여』, 위고
브라이언 딜런 지음, 김정아 옮김, 『에세이즘』, 카라칼
현각 엮음, 양언서 옮김, 『부처를 쏴라-스스로의 깨달음을 통해

자유로워지는 숭산 대선사의 가르침』, 김영사
조해인 지음, 『단독 수행 - 내 안에 있는 기적을 발견하라』, 해냄
전호근 지음, 『한국철학사』, 메멘토

그렇게 어른이 된다

스야후이 지음, 장연 옮김, 『소동파 선禪을 말하다』, 김영사
박완서 지음, 『모래알만 한 진실이라도』, 세계사
오지영 지음, 『아픔이 내가 된다는 것』, 파이퍼프레스
이병률 지음, 『그리고 행복하다는 소식을 들었습니다』, 달
김훈 지음, 『밥벌이의 지겨움』, 생각의나무
요한 볼프강 폰 괴테 지음, 박찬기 옮김, 『젊은 베르테르의 슬픔』, 민음사

나가며

지바 마사야 지음, 김상운 옮김, 『현대사상 입문』, arte(아르테)
아카세가와 겐페이 지음, 서하나 옮김, 『노인력』, 안그라픽스
단테 지음, 박상진 옮김, 『신곡 세트』, 민음사

멈춰서,
혼자서

초판 1쇄 발행 2025년 9월 25일

지은이 윤동희
펴낸이 윤동희
펴낸곳 북노마드

편집 윤동희, 김민채, 안강휘, 오지영
디자인 공미경
제작 교보피앤비

출판등록 2011년 12월 28일
등록번호 제406-2011-000152호
문의 booknomad.editor@gmail.com

ISBN 979-11-86561-93-5 03810
www.booknomad.co.kr

북노마드